포토리딩

PhotoReading
By Paul R. Scheele
Fourth Edition

Copyright © 2007 by Learning Strategies Corporation
(First Edition: Copyright 1993)

"PhotoReading," "Paraliminal," "Personal Celebration," "EasyLearn," "Natural Brilliance," and "Accelements" are worldwide trademarks of Learning Strategies Corporation.

"Mind Mapping" is a trademark of Tony Buzan.

Korean translation copyright © 2024 by PolymathLab All rights reserved. The Korean edition is published by arrangement with Learning Strategies Corporation.

이 책의 한국어판 저작권은 Learning Strategies Corporation사와의 독점계약으로 폴리매스랩이 소유합니다. 저작권법에 따라 한국 내에서 보호를 받는 저작물이므로 무단전재와 무단복제를 금합니다.

일러두기
각주는 모두 옮긴이 주입니다.
2쇄부터는 독자의 편의를 위해 색인을 추가하고, 일부 용어 표현을 수정했습니다.

당신도 지금보다 10배 빠르게 책을 읽을 수 있다

포토리딩

폴 R. 쉴리 지음 | 김동기 옮김

25분 만에 이 책을 읽는 방법

여러분은 이 책에 얼마나 많은 시간을 쓸 수 있으신가요?《포토리딩》은 여러분의 시간에 맞춰 읽을 수 있도록 독특한 방식으로 설계됐습니다. 아래 가이드에 따라 한번 읽어보세요.

1 단계: 25분

25분 만에 이 책의 요점을 파악합니다. 책 전체를 넘기며 목차, 각 장의 제목과 소제목을 읽습니다. 책을 다시 한번 더 넘겨보면서, 자전거를 타는 아인슈타인 그림을 찾습니다. 아인슈타인 그림의 옆 문단을 읽습니다. 시간이 좀 더 있다면 2단계로 이어갑니다.

2단계: 30분

30분만 더 투자하면 이 책의 핵심 개념에 관해 토론할 수 있을 정도로 내용을 파악할 수 있습니다. 책을 전체적으로 한 번 더 읽습니다. 이번에는 아인슈타인이 조깅하는 그림을 찾아 각 그림 옆에 나온 문단을 읽습니다.

3 단계: 45~90분

최대 90분을 더 투자해 포토리딩 내용을 완전히 이해합니다. 전구를 든 아인슈타인 그림을 찾아 옆 문단을 읽습니다. 그림을 찾는 동안 제목과 소제목을 다시 살펴보며 앞서 읽은 내용을 복습합니다.

아인슈타인이 있는 그림 부분이 선으로 연결돼 있다면, 선으로 연결된 부분의 문단을 읽으세요. 때때로 그림 아래에 '글머리 기호 읽기'라는 메모가 있습니다. 이 때는 글머리 기호 • 로 시작하는 텍스트를 읽습니다.

처음 책을 훑어볼 때 그림 옆에 있는 모든 문단을 읽고 싶을지도 모릅니다. 그런 유혹은 꾹 참으세요. 책을 여러 번에 걸쳐 읽으면 딱 한 번만 읽는 것보다 조금 더 잘 이해할 수 있습니다.

또는 이 책에 나온 단어 하나하나를 읽고 싶을 수도 있습니다. 그것도 꾹 참으세요. 한 번에 처음부터 끝까지 읽지 않아도 괜찮습니다. 여러 번 반복해서 읽으면, 시간 투자 대비 더 많은 것을 얻을 수 있을 것입니다.

한국 독자들에게

안녕하세요, 폴 R. 쉴리입니다.

《포토리딩》의 한국어판 출간을 맞이해 대한민국 독자 여러분께 인사드립니다. 완전히 업데이트된 포토리딩 4판이 한국어로 번역돼 여러분을 만나 매우 기쁩니다.

포토리딩은 단순한 속독법이 아닙니다. 여러분 뇌의 잠재력을 최대한 활용해 정보를 효과적으로 습득하고 활용하는 '홀 마인드 시스템'입니다.

대한민국에서 포토리딩의 힘을 나누고자 포토리딩 지도자가 된 김동기(폴리매스K) 님의 등장에 감회가 새롭습니다. 1981년에 제가 공동 설립한 러닝 스트래티지 코퍼레이션[LSC]에서 전문적인 교육을 받은, 공인 포토리딩 지도자인 김동기 님은 이 중요한 한국어판을 번역했습니다.

폴리매스랩의 대표인 김동기(폴리매스K) 님은 현재 대한민국의 유일한 LSC 공인 포토리딩 지도자입니다. 그와 그의 회사를 통해 포토리딩으로 자신의 숨겨진 잠재력을 발견하고 더 풍요롭고 성취감 있는 삶을 살 수 있도록 안내하기를 희망합니다.

포토리딩을 통해 여러분이 내면의 능력을 일깨우고 삶의 모든 영역에서 더 나은 결과를 만들어낼 것이라 믿습니다. 이것이 여러분 개개인의 성장뿐만 아니라 대한민국 전체의 발전에도 도움이 되길 희망합니다.

포토리딩과 함께할 여러분의 새로운 여정을 응원합니다!

미국 미네소타주 미니에폴리스에서
포토리딩 창시자
폴 R. 쉴리 박사

옮긴이의 말

직장에서 칼퇴를 하면서 상위평가를 받는다면 어떨까요? 자기계발을 하면서 업무와 일상에서 동시에 성장할 수 있다면요? 만약 이 모든 걸 애쓰지 않고 너무나 쉽게 얻을 수 있는 학습 치트키가 있다면 어떻게 하시겠습니까? 지금보다 더 찬란해진 자신의 모습을 한번 상상해 보세요.

위와 같은 모습이 잘 떠오르셨나요? 솔직하게 말씀드리겠습니다. 저는 5년 전 까지만 해도 결코 떠올릴 수 없던 모습입니다. 그 이유는 독서 때문입니다.

한글을 또래 대비 조금 늦게 깨우쳤던 저는 거의 평생 동안 독서 때문에 힘든 시간을 보냈습니다. 어린 시절에 모두가 읽는다는 위인전이나 기본적인 동화조차 읽지 않았습니다. 중학교 때까진 노느라, 고등학교에 올라가서는 뒤쳐진 공부를 하느라 정신이 없어 책 읽기는 뒤로했습니다. 대학교에 가서도 복수 전공, 대외 활동, 공모전 참가 등에 시간을 쏟다 보니 책 읽기는 항상 우선 순위에서 한참 뒤로 밀렸습니다.

취업을 한 이후에도 자료와 책 읽기의 어려움은 계속해서 이어졌습니다. 전문 서적, 이메일, 보고서, 업무 문서, 수많은 PDF 파일, 업무용 메신저에서 쏟아지는 메시지… 이 모든 걸 처리하는 게 버거웠습니다. 정보를 흡수하고 해석하는 속도가 느린 제게 야근은 일상이었습니다.

그러다 약 4년 반 전에 인생 전체를 돌아보고, 삶을 바꾸기 위해 책을 읽기 시작했습니다. 그때부터 지금까지 약 500권의 책을 읽고, 글을 쓰면서, 책에 나온 것들을 삶에 적용해 봤습니다. 덕분에 계속해서 배우고 성장하며 성과를 낼 수 있었습니다. 작년까지 근무했던 나이키를 퇴사하기 전에는 3년 연속으로 상위 평가 Highly Successful를 받기도 했습니다.

책 500권을 읽는 과정은 어땠을까요? 처음에는 정말로 어려웠습니다. 책 읽기가 너무나 힘들었습니다. 얇은 자기계발서 한 권을 읽는 데도 10시간 이상이 걸렸습니다. 삶을 바꿔볼 마지막 기회라는 마음이 없었다면, 아마 과거의 저처럼 또다시 포기했을 것입니다.

'아… 독서를 좀 더 효과적으로 쉽게 할 수 있는 방법은 없을까?'

그렇게 독서법 탐구 여정이 시작됐습니다.

한 독서법 책에서는 저자를 찾아가 만나보라고 했습니다. 그래서 몇 명의 저자를 실제로 만났습니다. 어떤 책에서는 안구 운동을 해보라고 해서 실제로 해봤습니다. 책을 다양한 각도로 읽어보라고 해서 그것도 실행해 봤습니다. 최소 며칠에서 최대 몇 달까지, 테스트해 보며 제게 맞는 방식을 하나씩 흡수했습니다. 이와 같이 진행하다보니 독서법 관련해서 읽고 테스트해 본 책만 30권 이상이 됐습니다.

이 중에 포토리딩이 있었습니다. 하지만 저는 책에서 제시한 수많은 내용을 생략했습니다. 제 마음대로 왜곡해서 해석했습니다. 그래서였을까요? 처음에는 효과를 거의 보지 못했습니다. 절판이 돼 당시에 웃돈까지 주고 구매한 구판(3판)에 그저 '낡은 건가' 하는 생각마저 들었습니다. 구판이 문제가 있는 건가 싶어서 미국 아마존에서 영문 최신판(4판)을 구매해 읽었습니다. 확실히 좀 더 잘 이해됐습니다. 심지어 상당 부분이 업데이트돼 있어 당황했습니다. 하지만 저는 여전히 제 방식대로 많은 내용을 생략했습니다. 그렇게 궁금증은 그저 더 커져갔습니다.

그러다 2023년에 폴 R. 쉴리 박사가 직접 지도하는 포토리딩

1년 프로그램이 있어서 등록했습니다. 이 과정에서 확실히 알게 됐습니다. 제가 잘못 해석하고 생략했던 내용들이 포토리딩의 핵심이었다는 것을요.

그렇게 포토리딩을 배우고 익히는 여정 속에서 모든 종류의 자료를 대하는 게 훨씬 더 쉬워졌습니다. 제가 다닌 나이키는 외국계 회사라 영문 자료가 많았습니다. 200페이지 가량의 영문 PDF 자료 등 두터운 자료에서 너무나 편안하고 빠르게, 제가 원하는 것들만 뽑아서 활용할 수 있었습니다. 그 후 두 아이 육아를 하면서도 1년에 100권 이상씩 꾸준히 읽어왔습니다. 쉬운 책이어도 10시간이 걸리던 책 읽기는 이제 1시간이면 가능한 수준이 됐습니다. 열 배 정도 빨라진 것입니다. 속도만 빨라진 게 아니라, 책에서 얻고자 하는 내용에 대한 이해도와 기억력도 함께 좋아졌습니다.

너무나 좋은 독서법이라고 생각해서, 최소한 제 지인들과 가족들에게 알려주고 싶었습니다. 큰 마음을 먹고 LSC 공인 포토리딩 지도자 과정을 밟았습니다. 끈질긴 학습 끝에 영어로 12개 시범 강의 영상을 촬영 후 폴 R. 쉴리 박사를 포함한 커미티에게 인정받고, 마침내 공인 지도자 자격을 받았습니다. 그렇게 현 시점, 대한민국의 유일한 LSC 공인 포토리딩 지도자가 됐습니다.

지도자가 된 후 한국에서 성인부터 어린이까지 다양한 학생들을 직접 지도했습니다. 세미나 참석자와 학원 수강생들이 얼어낸 놀라운 결과를 눈앞에서 목격했습니다.

책을 두세 배 빠르게 읽게 되는 것은 가장 평범한 수준입니다. 성인 중에 단 하루 만에 아홉 배 빠르게 읽은 분도 있었습니다. 한 아이는 두 달 만에 사회 점수가 20점에서 85점으로 올랐습니다. 수학 점수도 같이 올라서 80점에서 95점이 됐습니다. 또 다른 친구는 전 과목 전체가 쉽게 느껴진다고 합니다. 영어가 갑자기 쉬워졌다는 학생들도 있습니다.

놀라운 결과는 다른 영역에까지 확대됩니다. 한 세미나 참석자 분은 포토리딩만으로 골프 실력이 늘어서, 주변 사람들이 놀랐다는 소식을 전했습니다. 한 학생은 축구 실력이 향상되었고 알려 주었습니다. 어떤 학생은 그림을 더 잘 그리게 됐습니다. 한 초등학교 3학년생은 이루마의 피아노곡 악보를 2주만에 다 외우고 실수 없이 연주해서, 그 학원 선생님이 놀라 학부모에게 따로 연락했다고 합니다.

제가 느끼기에 대한민국에서 포토리딩은 그동안 마치 '전설의 포켓몬'처럼 여겨진 것 같습니다. 어딘가에 있지만, 잘 알지 못하는… 그래서인지 여기저기 퍼져 있는 '틀린' 정보가 너무나도 많습니다. 심지어 공식 지도자 과정을 밟지도 않은 채, 자의적 해석을 더해 다양한 수식어를 붙이며 포토리딩을 가르치는 사람들도 보입니다. 제 관점에서는 그저 놀랍습니다.

모쪼록 이 포토리딩 4판으로 포토리딩에 관한 올바른 정보가 전달되길 바랍니다. 더 이상 포토리딩이 '전설의 포켓몬'이 아닌, 여러분과 매일같이 함께하는 동반자가 되길 바랍니다.

여러분의 독서와 삶이 좀 더 편안하고, 수월해지고, 더 많은 성과를 내실 수 있기를 진심으로 기원합니다.

LSC 공인 포토리딩 지도자
폴리매스랩 대표, 폴리매스아카데미 원장
《어떤 사람이 최고의 아웃풋을 내는가》 저자
김동기(폴리매스K)

포토리딩에 대한 찬사

"포토리딩에는 가장 효율적인 읽기 전략이 모두 들어 있습니다. 대학에서 수년간의 연구로 입증한 방식입니다. 여기에는 우리 두뇌의 놀라운 지각 능력에 관한 내용을 포함합니다.

포토리딩은 최고의 가속 독서 향상 프로그램입니다. 포토리딩 학습자는 이 방식의 이점을 즉시 느끼며 평생 동안 지속할 수 있습니다."

마이클 베넷J. Michael Bennett **박사, 미네소타대학교**
《**매니저를 위한 효과적인 독서법**Efficient Reading for Managers》 **저자**

"만약 여러분이 원하는 것보다 느리게 읽고 계신다면, 독서를 포함해 정보를 더 빠르게 흡수할 수 있는 과정을 들어보세요. 제가 찾은 최고는 폴 쉴리의 포토리딩 과정이었습니다."

잭 캔필드 Jack Canfield
《**영혼을 위한 닭고기 수프**Chicken Soup for the Soul》,
《**성공의 원칙**The Success Principles》 **저자**

"이 책은 독서법 향상을 위해 쓰인 최고의 책입니다. 마침내, 학습 과정을 제대로 이해한 저자가 쓴 책이 출간됐습니다."

에릭 젠슨 Eric Jensen
《**학습하는 뇌**The Learning Brain》, 《**슈퍼 티칭**Super Teaching》 **저자**

"포토리딩 홀 마인드 시스템에 따르면 학습 전반을 향상시킬 수 있습니다. 독서 시간을 크게 줄일 수 있어요. 가치 있다고 생각하는 정보를 자동으로 선별하고, 음미하고 싶은 구절을 파악할 수 있습니다."

샬롯 워드 Charlotte Ward
《**심플하게 살아가기**Simply Live It Up》 **중에서**

"저를 포함한 많은 사람들이 포토리딩으로 분당 2만 5000단어의 속도로 자료를 빠르게 볼 수 있었습니다."

브라이언 매티모어 Bryan Mattimore
〈석세스 매거진 Success Magazine〉

"포토리딩으로 여러분이 예상 못했던 방식으로 변할 거라는 사실에 제가 다 기대되네요. 폴 쉴리 박사는 포토리딩이라는 새로운 아이디어를 잘 설명합니다. 그는 새로운 영역을 개척하는 모델 역할을 합니다."

피터 클라인 Peter Kline
《일상의 천재성 The Everyday Genius》 저자

"포토리딩은 보석입니다. 포토리딩에는 인생에서 더 앞서 나가기 위한 강력한 도구들이 담겨 있습니다. 진심으로 추천합니다."

데이비드 맥널리 David McNally
《독수리에게도 밀어줄 사람이 필요하다 Even Eagles Need a Push》 저자

"포토리딩은 읽기 능력 진화 측면에서 자연스러운 발전 단계로 보입니다."

윈 웽거 Win Wenger 박사
《아인슈타인 팩터 The Einstein Factor》 저자

"포토리딩은 문자 그대로 '시야가 열리는 경험'을 선사합니다. 여러분의 무의식 영역이 한 페이지를 한 번에 사진을 찍듯이 저장합니다. 이 방식은 가속학습을 하는 21세기 슈퍼러너 SuperLearners의 도구로 자리잡을 것입니다."

쉴라 오스트랜더 Sheila Ostrander 와 린 쉬레더 Lynn Schroeder
《슈퍼러닝 2000 SuperLearning 2000》 중에서

우리는 시인의 시대가 아닌
회계사의 시대에 삽니다

가수가 아닌 정치인의 시대에, 탐험가가 아닌 행정가의 시대에 삽니다. 불균형한 세상입니다. 불균형을 바로잡는 발전은 환영과 박수를 받을 것입니다.

폴 쉴리가 개발한 포토리딩 홀 마인드 시스템은 불균형을 바로잡는 데 커다란 기여를 했습니다. 특히 몇 가지 측면에서 주목할 만합니다.

- 가속학습 기술을 실제로 익히기 위한 시스템입니다.

- 독서에서 중요한 성과를 이뤄냈습니다. 폴은 독서를 선택의 연속으로 나눴습니다. 좌뇌와 우뇌 사이의 연속적인 협동에 대해 알아내고 정리했습니다. 이것으로 우리 모두가 가졌지만 잘 모르는(또는 잘 인지하지 못한) 인류의 유산을 활용할 수 있도록 도와줍니다.

- 무의식과 의식 영역의 새로운 균형을 맞추게 하는 고도의 학습 시스템입니다.

존 그라인더 John Grinder
신경언어프로그래밍 Neuro-Linguistic Programming **공동 개발자**

모든 시험에서
가장 높은 점수를 받았습니다

저는 석사학위를 취득하고 싶었습니다. 1년 반 전에 석사 과정을 시작했지만, 부족한 성적으로 과정을 완료할 수 없었어요. 시간이 너무 많이 들기도 했고, 전반적으로 성적이 좋지 않았습니다. (보통 C 또는 D 학점을 받았어요.)

해군 통신교육 과정에서 포토리딩을 적용해 봤습니다. 효과가 있는 것 같았어요. 실제로 잘 적용하는지 테스트해 볼 필요가 있었지만 말이죠. 저는 지역의 2년제 대학교에서 상법과 마케팅 두 과정에 등록했습니다. 이 과정에서 오직 포토리딩 홀 마인드 시스템만 사용해 봤어요.

결과는 정말 놀라웠습니다. 애쓰지 않고 그저 수업에 참석하는 것만으로 A 학점을 받았습니다. 또한 두 과정 내내 모든 시험에서 최고 점수를 받았습니다. 무엇보다 좋았던 건 가족과 함께 보낼 시간이 충분했다는 것입니다.

직장 동료들과 가족들 모두 제가 이룬 성과를 불가능하다고 합니다. 1년 전에는 저도 그 말에 동의했을 것 같아요. 제가 얼마나 성장했는지 보여주기 위해 그저 성적표를 보여줍니다.

저는 포토리딩이 주는 효과에 큰 감명을 받았습니다.

랜디 나우 Randy Now
미국 캘리포니아

포토리딩을 활용해
류마티스와 물리치료 전문가가 됐습니다

　저는 중요한 시험을 치르기 위해 수천 페이지 분량을 공부해야 했습니다. 한 달 넘게 매일같이 포토리딩하고 활성화하고, 류마티스학 교과서를 마인드맵으로 만들었습니다.

　그 결과 필기 시험을 볼 때 무엇이 정답인지 알고 느낄 수 있었습니다. 저는 전체 수강생 중 두 번째로 높은 점수를 받았습니다. 3일 동안 의학 실습도 잘 진행했고, 구두 시험에서는 최고 점수를 받았습니다.

일디코 키스 Ildiko Kiss 의학박사
헝가리 잘라에게르세크

두 시간 걸리던 일을,
이제는 10분 만에 할 수 있습니다

　저는 세무 컨설턴트입니다. 포토리딩을 활용한 덕분에 33권 분량의 내구세 수입IRS 코드에서 정보를 찾을 때 작업 시간을 대폭 줄일 수 있었습니다. 색인에서 제가 필요한 부분을 찾습니다. 그런 다음 그 부분에서 30~40페이지 정도를 포토리딩합니다. 그러면 그 페이지에서 즉각적으로 답이 튀어나오는 것처럼 느껴집니다.

프레드 프레드릭스 Fred Fredricks
홍콩

일에서 생산성이 올랐습니다

저는 소프트웨어 매뉴얼을 포토리딩합니다. 제가 프로그래밍할 때에 필요한 코드가 떠오릅니다. 예전처럼 중간중간 매뉴얼을 찾아보기 위해 작업을 멈추는 일이 줄었습니다. 저는 직감으로 프로그램이 작동할 것을 예측할 수 있습니다. 실제로 그렇게 작동하고요. 예전에는 코드를 몇 개 짜고, 테스트하고, 바꾸고, 다시 매뉴얼을 뒤지곤 했어요.

루 윌슨[Lou Wilson]
영국 미들섹스

100% 급여 인상을 받았습니다

포토리딩을 배우고, 28일 동안 40권의 책을 읽었습니다. 포토리딩 기술을 비즈니스 프레젠테이션에 적용했더니 100% 급여 인상과 함께 잡 오퍼를 받았습니다.

조안 히메네즈[Joan Jiménez], 교육일반위원회
푸에르토리코 리오 피에드라스

사업이 두 배로 성장했습니다

사업체 대표로서 항상 매출을 늘릴 방법을 찾습니다. 독서할 시간이 없어서 책을 펼칠 엄두를 내지 못했던 마케팅 책들을 포토리딩했습니다. 그리고 읽은 내용을 현장에 적용해 두 배 높은 매출을 올릴 수 있었습니다.

존 듀케인 John DuCane
미국 미네소타 세인트폴

책을 다시 펴보지 않고도
20페이지 분량의 노트를 작성했습니다

어제 법률 관련 책을 포토리딩했습니다. 오늘 아침에 활성화한 이후에 몇 가지 내용을 가볍게 적어보려고 했어요. 적다 보니 20페이지 분량이 됐네요. 놀랍습니다!

레이 사이먼스 Ray Simons
미국 네바다 라스 베가스

차례

25분만에 이 책을 읽는 방법
한국 독자들에게
옮긴이의 말
포토리딩에 대한 찬사
서문

제1부
선택의 폭 넓히기

1장	포토리딩의 기원	31
2장	오래된 독서 습관 VS. 새로운 독서법	49

제2부
포토리딩 홀 마인드 시스템 익히기

3장	1단계: 준비하기	79
4장	2단계: 미리보기	95
5장	3단계: 포토리딩	103
6장	4단계: 다시보기	133
7장	5단계: 활성화하기	141

제3부
스킬 개발 및 통합하기

8장	포토리딩 홀 마인드 시스템을 삶의 일부로 만들기	189
9장	그룹 활성화로 정보 공유하기	211
10장	포토리딩 경험을 풍부하게 만들기	223
11장	평생 탐구를 위한 신토픽리딩	245
12장	초보 포토리더를 위한 질문과 답변	263
13장	직접학습으로 당신의 천재적 잠재력을 발견하라	293
14장	포토리딩 홀 마인드 시스템의 비밀	307

빠른 참고 가이드: 포토리딩 홀 마인드 시스템 단계	313
감사의 말	318
참고문헌	320
색인	328

서문

가장 혁신적인 독서 프로그램인 포토리딩의 세계에 오신 것을 환영합니다. 포토리딩은 단순한 속독 차원을 넘어, 여러분 안에 있는 방대한 자원을 활용합니다. 여러분 안에 있는 잠재력을 탐구하고 확대시킵니다.

우리는 부족한 시간 속에서 많은 정보를 소화해야 하는 시대를 살아갑니다. 성공하기 위해서는 정보 습득과 처리를 위한 새로운 기술이 필요합니다. 포토리딩에서는 가장 위대한 정보 처리 장치를 활용합니다. 이 정보 처리 장치는 바로 우리의 마인드입니다.

이 책에서 여러분은 마인드 전체를 통합하는 '홀 마인드'를 위한 테크닉을 배울 것입니다. 포토리딩은 여러분이 책을 더 빨리 읽는 것뿐만 아니라 이전보다 몇 배 더 빠른 속도로 학습하는 방법을 가르쳐줄 것입니다.

포토리딩을 익히면 이전엔 불가능하다고 생각한 것이 가능함을 경험할 것입니다. 글로 쓰인 자료를 한 페이지당 1초 이하의 속도로 포토리딩하면서 향상된 뇌에 정보를 직접 전달할 것입니다. 이렇게 흡수된 정보는 여러분의 기존 지식과 연결돼 독서 목적을 효과적으로 달성합니다. 결과적으로 여러분은 주어진 시간 안에 필요한 수준의 이해도로 읽기를 완료할 수 있습니다.

포토리딩 홀 마인드 시스템으로 여러분은 두뇌를 활용하는 방식을 발전시킬 것입니다. 포토리딩은 의식 마인드의 제한된 능력을 뛰어 넘어 여러분 안에 있는 천재성을 찾게 도와줍니다.

이 책에는 전 세계의 포토리딩 세미나 및 리트릿에서 활용하는 다섯 단계 포토리딩 홀 마인드 시스템 관련 내용이 포함돼 있습니다. 기존 3판 대비 새롭게 수정된 단계를 적용합니다. 기존의 다섯 단계는 준비하기, 미리보기, 포토리딩, 활성화하기, 래피드리딩으로 구성됐습니다. 4판부터는 준비하기, 미리보기, 포토리딩, 다시보기, 활성화하기로 변경됐습니다. 래피드리딩은 활성화 단계에 통합됐습니다.

새롭게 변화된 단계는 아래와 같은 이점이 있다는 것을 확인했습니다.

- 홀 마인드의 처리 능력에 대한 접근성을 높여 이해력과 기억력을 향상시킵니다.

- 의식 마인드의 한계로 인한 방해를 줄여, 더 빠른 속도와 자신감을 얻을 수 있습니다.

- 모든 유형의 문서, 특히 전자 기기로 된 텍스트에 쉽게 적용할 수 있어 읽어야 하는 모든 것을 마스터하는 데 도움을 줍니다.

― 제1부 ―

선택의 폭 넓히기

1장
포토리딩의 기원

1분에 2만 5000단어를 포토리딩한다는 것은 3~5분 정도 만에 이 책을 '머릿속에 이미지'로 새길 수 있다는 말이다. 이것이 급진적이고 생소한 이야기로 들릴지도 모르겠다. 하지만 이 개념은 사실 내가 '포토리딩PhotoReading'이라는 용어를 만들기 최소 100년 전부터 존재했다. 머릿속에 정보를 넣고 처리하는 방식이 가능하다는 증거는 군사 훈련, 무술, 고대 종교 전통에 이르기까지 다양한 분야에서 찾을 수 있다.

포토리딩이 가능한지 아닌지를 확인하는 것은 우리의 도전 과제가 아니다. 진정한 도전은 이 책을 읽는 당신이 자신의 타고난 능력을 어떻게 익히는가다. 보고서, 저널, 신문, 책, 웹 페이지 등 당신이 읽고자 하는 모든 것에 이 능력을 일상적이며 효과적으로 적용하는 것이다.

신경언어프로그래밍Neuro-Linguistic Programming, NLP, 가속학습 Accelerated Learning과 관련한 나의 배경 덕분에 이 방법을 효과적으로 전달할 수 있었다. 전 세계 수많은 사람들이 포토리딩 홀 마인드 시스템PhotoReading whole mind system을 학습했다. 그리고 이제는 당신 차례다. 이 모든 것이 어떻게 시작됐는지 이야기해 보겠다.

미네소타대학교에서 과학 영역 학위를 받고 7년 정도가 지난 어느 날, 나는 독서 속도를 측정해 봤다. 70퍼센트 이해도로 분당 170단어를 읽었다. 당황스러웠다. 초등학교, 중학교, 고등학교 그리고 대학교 과정에 이르기까지 16년 이상의 교육을 받았음에도, 독서 능력이 평균 이하일 뿐만 아니라 독서를 계속해서 미루는 나 자신을 봤기 때문이다.

나는 책을 제대로 읽기 위해서는 반드시 문장의 첫 단어부터 시작해서 끝까지 읽어야 한다고 생각했다. 모든 단어를 하나씩 보면서 내용을 이해하고 기억해야 한다고 생각했다. 또한 독서 능력을 평가하는 가장 중요한 기준은 읽은 내용을 완전히 기억하고 그 의미를 비판적으로 분석하는 것이라고 생각했다.

독서에 대해 스스로 내린 정의에 의문을 제기할 생각을 하지는 않았다. 나는 그저 느린 속도에 갇혀 있다고 느꼈다. 더 빨리 읽으면 이해도는 떨어진다고 생각했다. 7년간 인적자원개발 컨설턴트 전문가로서 살았지만 독서 능력 향상은 없었다.

이런 상황에서 1984년에 나는 속독 과정을 수강했다. 5주 간의 속독 훈련 후, 평균적으로 분당 5000단어를 70퍼센트 이해도로 읽을 수 있게 됐다.

수업 중 어느 날, 함께 수업을 듣던 한 수강생이 자신은 10주 동안 분당 1300단어 읽기에 갇혀 있다며 한탄했다. 나는 그녀에게 "지금 더 높은 속도로 돌파할 수 있다고 상상해 보세요."라고 제안했다. 그녀는 그 다음으로 고른 책을 분당 6000단어 이상의 속도로 읽었고, 이해도 점수는 그 어느 때보다 높았다.

속독 경험이 멋진 이야기처럼 들릴지 모르겠다. 하지만 속독은 내게 그다지 매력적이지 않았다. 눈을 페이지 아래로 따라가며 읽는 것은 내게는 보람없는 고된 일이었다. 이 과정을 마친 지 3개월이 지나고 나서, 나는 속독에서 배운 기술을 거의 사용하지 않았다. 하지만 문자로 된 단어를 처리하는 마인드[1]의 잠재력에 대한 관심은 남아 있었다.

나는 두 가지 믿음 사이에 갇힌 것 같았다. 그 첫 번째 믿음은 초등교육에서 진행하는 독서 방식이었다. 또 다른 믿음은 우리가 가진 마인드에 대한 부분이었다. 그리고 이와 같은 마인드를 활용해 훨씬 더 방대하고 멋진 결과를 달성할 수 있다고 생각했

---

1 마인드^{mind}는 인간의 이성과 감정, 의식, 비의식/무의식을 모두 포함하는 포괄적인 개념이다. 생각하고 판단하는 능력뿐만 아니라 감정적 경험과 직관적 사고도 포함된다. 단순히 논리적인 사고만을 의미하는 것이 아닌 마음과 정신의 활동 전체를 가리키는 말이다. '마인드셋^{mindset}'과 같은 표현으로도 사용되는 의미와 일맥상통한다. 다시 말해, 두뇌, 정신, 마음을 모두 포괄하는 의미로 쓰인다.

다. 갇힌 느낌과 혼란스러운 감정 상태에 한 번 더 사로잡힌 계기가 있었다. 개인적으로 받은 비행 훈련 때였다.

비행 교관은 8000피트 높이(약 2438미터)에서 착륙할 때처럼 최소 속도로 비행하라고 했다. 나는 엔진 출력을 늦추고 고도를 유지하기 위해 조종간을 뒤로 당겼다.

그러자 곧바로 비행기 앞부분이 거의 수직으로 위를 향했다. 날개 위로 흐르는 바람은 더 이상 비행기를 떠받칠 힘을 만들지 못했다. 비행기가 날지 못해 하늘에서 바위처럼 떨어졌다. 땅을 향해 곧바로 추락하기 시작했다.

겁에 질린 나는 즉시 조정간을 더 뒤로 당기며, 필사적으로 비행기 앞부분을 들어올려 비행기를 띄우려고 했다. 하지만 상황은 훨씬 더 악화됐다. 함께 탄 비행 교관은 내가 느끼는 공포심을 즐기는 것 같았다.

'왜 작동하지 않는 거지? 왜 제대로 날지 않지?' 비행기에 가속도가 붙었다. 아래로 빠르게 떨어지는 동안 비행 교관은 침착하게 말했다. "앞으로 미세요."

나는 교관이 문제를 제대로 파악하지 못했다고 생각했다. '가속도가 붙어 비행기가 아래로 향하는데, 아래 방향으로 가도록 조종간을 밀라니?' 나는 그가 제정신이 아니라고 생각했다.

비행기는 이제 회전하면서 추락하기 시작했다. 땅이 빙글빙글 돌면서 흐릿하게 우리를 향해 빠르게 다가오는 것 같았다. 나의 이성을 포함한 모든 부분은 그의 말에 저항했다. 하지만 그는 더욱 단호하게 말했다. "회전 방향으로 미세요!"

마침내 교관은 하얗게 질린 내 손을 밀치고 조종간을 앞으로 밀었다. 그러자 곧바로 비행기의 날개와 꼬리 부분이 안정됐다. 비행기 위로 흐르는 공기가 정상적으로 흘러, 다시 떠오를 수 있었다. 비행기는 안정화됐고 그는 천천히 조종간을 뒤로 당겨 고도를 회복했다. 이때 내 심장은 목구멍에 걸려 있었던 것 같았다.

'와우!'

이 스토리가 독서와 무슨 관계가 있을까? 나는 평생 단어를 이해 가능한 수준 정도로만 빨리 읽었다. 너무 빨리 읽어서 이해하기 힘들 때는 통제라는 조종간을 쥐고 독서 속도를 뒤로 당겼다. 두려움에 따른 반응이었다. 독자로서 글로 쓰인 내용 전체를 이해하지 못하는 게 두려웠다. 더 빨리, 더 잘 읽으려는 전략은 내 독서 상황을 오히려 악화시켰다. 나는 빙글빙글 도는 상황 속에 갇혔다. 내게 독서는 바닥으로 추락하는 비행기와 같았다.

당신은 추락하는 상황 속에서 끌어 올려줄 멘토를 바란 적이 있는가? 나도 그랬다. 나는 더 넓고 강력한 마인드 능력으로 독서 문제를 해결할 수 있다는 사실을 깨닫지 못했다. 하지만 다행스럽게도 기적은 일어난다. 이후 몇 년 동안의 여러 경험 덕분에 나는 독서에 관한 새로운 방향을 찾을 수 있었다.

1984년 가을, 성인 학습과 개발Human Development 기술을 공부하기 위해 대학원에 입학했다. 가장 효과적으로 학습하는 방법을 알고 싶었다. 당시는 러닝 스트래티지 코퍼레이션(Learning Strategies Corporation, LSC)을 설립한 지 3년이 넘은 시점이었고, 내 연구로 혜택을 받을 수 있는 많은 클라이언트가 있었다. 또한 나에게는 학습자로서 능력을 향상시키고 싶다는 강력한 동기가 있었다.

다양한 세미나와 연구에 참여하는 동안, 나는 애리조나주 피닉스에 있는 속독 학교 강사에 대해 들었다. 그는 눈의 고정 패턴을 배우기 위해, 페이지를 거꾸로 뒤집고 뒤에서부터 앞으로 읽는 기이한 실험을 진행하기도 했다. 그리고 나서 그는 재미삼아 학생들에게 이해력 테스트를 진행했는데, 그 수업에서 역사상 가장 높은 점수를 기록했다. 이것은 그저 우연이었을까? 강사들은 한 가지 가설을 세웠다. 페이지를 넘길 때 알지 못하는 사이에 처리되는 자극에 관한 내용이었다.

그 가설에 대해 들었을 즈음, 나는 가속학습 전문가인 피터 클라인Peter Kline의 워크샵에 참석했다. 나는 독서의 획기적인 발전을 위한 연구에 관심이 있다고 말했다. 그는 내게 도전적인 과제를 제안했다. 그의 클라이언트 중 한 곳인 IDS/아메리칸 익스프레스에서 가속학습 영역 중 빠르게 읽기의 실제적인 방법을 원했다. 컨설팅 업무, 석사 학위 연구, 학습에 대한 열정이 하나의 멋진 패키지로 내게 찾아왔다.

1985년 가을, 나는 역하 지각subliminal perception과 전의식 처리preconscious processing에 관해 조사했다. 의식 마인드를 개입하지 않고 시각 정보를 흡수할 수 있는, 마인드의 전의식 처리 장치를 가졌다는 중요한 연구 증거를 발견했다. 나는 특별한 방식으로 시각과 전의식 처리 장치를 활용해 글로 쓰인 자료를 실험했다. 인쇄된 페이지를 '정신적으로 사진을 찍는' 이 방식을 포토리딩이라고 명명했다.

나는 연구를 바탕으로 세미나를 설계하는 데 전념했다. 여기에는 가속학습 모델, 빠르게 읽는 독서 전략, 신경언어프로그래밍NLP이라는 잠재력 개발 기법, 전의식 처리에 관한 내용이 포함됐다. 그리고 얼마 지나지 않아 포토리딩 세미나가 탄생했다.

나는 실험 중 하나를 위해 예전에 다녔던 속독 기관을 찾아갔다. 강사에게 여러 권의 책과 함께 테스트를 요청했다. 분당 6만 8000단어 속도로 책 한 권을 포토리딩한 후, 몇 년 전에 치렀던 같은 종류의 필기 시험에서 74퍼센트의 이해도를 보였다.

믿기 힘들 정도로 좋은 결과였다. 일반 독서나 속독과 비교하면 정말 믿을 수 없을 만큼 좋은 결과였다. 포토리딩은 일반 두 가지 독서 방식과 전혀 달랐다. 매우 강력한 무언가가 일어났고, 속독 기관에서도 그 결과를 확인했다.

1986년 1~2월, 나는 여섯 번의 실험적 세미나를 진행했다. 한 번은 IDS에서 다섯 번은 우리 회사의 클라이언트에게 진행했다. 참석자들은 수업 중간에 자리에서 일어나 자신들이 느낀 효과를 설명했다. 스트레스 감소, 놀라운 기억력 향상, 유창한 읽기 능력, 학교 시험에서 최고 점수, 영업 사원과 변호사들의 성공률 증가 등이 포함됐다.

참가자들의 열기에 영감을 받아 나는 동료들과 함께 교육 과정 설계와 교육 자료 개선에 힘썼다. 1986년 5월 16일, 미네소타 교육부는 포토리딩 세미나 커리큘럼과 우리 회사의 비즈니스 운영 방식을 검토한 후 러닝 스트래티지스 코퍼레이션LSC을 사립 직업학교로 인가했다.

미국 대통령이 1990년대를 '두뇌의 10년'으로 선언하면서, 인지과학 분야의 새로운 연구 폭발을 촉진했다. 그 결과 두뇌의 정보 처리 방식을 이해하는 데 획기적인 발전을 이루었다. 이는 학습에 대한 새로운 접근 방식 추구에 전례 없는 지원을 제공했다. 이러한 교육 혁신과 더불어 포토리딩은 국제적으로 인정을 받았다.

LSC에서 특별한 교육을 받은 공인 지도자들은 포토리딩과 최신 뇌 연구를 결합해 지속적으로 발전시켜 왔다. 이 과정은 전 세계적으로 라이브 세미나, 셀프 스터디 코스 또는 온라인 과정으로 진행된다.

당신은 포토리딩으로 독서 효율성 향상을 위한 새로운 기술을 익힐 수 있다. 거기에 더해, 대다수의 포토리더PhotoReader들은 포토리딩이 독서 향상 능력의 차원을 넘어, 삶을 완전히 바꿀 만큼의 영향을 준다고 인정한다. 포토리딩 홀 마인드 시스템은 당신을 '회전하며 낙하하는 비행기 속으로' 밀어 넣는다. 그리고 당신 안에 내재된 천재성을 발견하도록 인도한다. 당신은 통제력을 잃고 빙글빙글 돌지 않고, 정보라는 하늘 위를 부드럽게 날아다닐 것이다. 이 책에 담긴 시스템의 각 단계별 설명을 보고 당신은 시스템을 익힐 수 있을 것이다.

앞으로 나올 내용 미리 보기

포토리딩 홀 마인드 시스템의 다섯 단계는 준비하기, 미리보기, 포토리딩, 다시보기, 활성화하기로 진화했다.

이 시스템은 순차적 단계로 보이지만, 실제로는 필요에 따라 어떤 순서로든 사용할 수 있다. 이 시스템은 숙련된 독자들이 사용하는 전략을 모델로 한다.

시스템 안에 숨겨진 능력은 테크닉 자체에 있는 게 아닌, 그 테크닉이 불러일으키는 관점 변화에 있다. 이 시스템을 사용하고 목표를 달성하려면 습관적으로 비효율적인 전략을 적용하려는 충동에 맞서야 한다.

뒷장에서 당신의 현재 능력을 제한하는 한계에 관해 살펴볼 것이다. 당신은 의식 마인드 Conscious mind 의 제한된 처리 능력을 우회해, 내면에 존재하는 천재적이고 확장된 처리 능력과 연결하는 방법을 배울 것이다. 배운 것은 곧바로 사용할 수 있다.

지금부터 당신은 타고난 재능을 더 많이 사용해서 얻게 될 좋은 일들을 상상해 볼 수 있다. 전 세계 수천 명에게 포토리딩을 가르치면서 나는 개인과 전문 영역에서의 수많은 변화를 목격해 왔다. 다음은 몇 가지 예시다.

- 사전을 반복해서 포토리딩한 고등학생은 SAT 시험(미국 수학능력시험평가)의 어휘 점수를 극적으로 향상시켰다.

- 법률 서적을 포토리딩한 변호사는 방대한 자료에서 자신에게 필요한 내용을 빠르게 찾게 됐다. 과거에 30분 정도의 시간을 쏟던 일에 이제는 5분을 할애한다.

- 복잡한 기술 정보나 개념에 관해 글을 쓰는 기술 작가의

사례다. 그는 프로젝트 엔지니어들과의 첫 미팅 전에 클라이언트의 소프트웨어 시스템 매뉴얼을 포토리딩했다. 15분의 준비 시간만으로 시스템에 대해 전문적으로 이야기할 수 있었다.

- 한 컴퓨터 서비스 기술자는 매뉴얼에서 핵심 정보를 몇 초 안에 찾아내게 됐다.

- 어떤 변호사는 3분 만에 300페이지 분량의 교통부 법률 매뉴얼을 포토리딩했다. 그는 곧바로 사건 승소에 필요한 정보가 담긴 한 단락을 찾아냈다. 이 단락을 찾지 못했던 주 정부의 전문가 증인은 이 상황을 보며 놀랐다.

- E.I. 듀폰의 폐수 관련 전문가는 회의 준비를 위해 미국 산업안전보건청OSHA의 3인치 두께(약 7.6cm)의 연방 규정을 읽어야 했다. 회의 장소로 가는 비행기 안에서, 그는 35분 동안 연방 규정 문서를 포토리딩했다. 그는 회의 중에 미국 산업안전보건청은 3년 이상 된 수처리(水處理) 데이터를 받아들이지 않을 것이라고 정확히 말했다. 이 부분은 그가 포토리딩한 규정에 숨겨져 있던 내용이었다.

- 한 비즈니스 컨설턴트는 예비 클라이언트와의 첫 미팅 전에 도서관에서 관련 산업의 전문지를 포토리딩했다. 업계 동향, 핵심 문제 파악, 혁신 사례에 대한 지식과 함께, 그녀는 다른 컨설턴트 대비 우위를 차지했다. 그녀는 결국 계약을 성사시켰다.

- 한 대학생은 포토리딩을 활용해 성공적으로 학위를 마쳤다. 졸업 후 하이테크 기업에 취업했고 빠르게 승진했다. 그는 자신의 성공을 포토리딩의 강점 덕분이라고 했다.

- 푸에르토리코의 고등학생 그룹은 포토리딩을 활용해 국제멘탈올림픽에서 메달을 획득했다.

- 한 단편 소설 작가는 수상 소감에서 포토리딩이 그의 탁월한 창의성과 글쓰기 스타일의 비밀 재료였다고 발표했다.

위 사례는 포토리딩으로 얻는 혜택 중 일부다. 우리의 클라이언트들은 포토리딩이 보고서 작성하기, 중요 시험 합격, 학업에서 더 뛰어난 성적 얻기, 학위 취득, 순조로운 회의 진행, 승진 등에 도움이 됐다고 말한다. 또한 독서를 진정으로 즐기며 더 많은 독서를 할 수 있게 됐다고 전했다.

포토리딩을 익히기 위해서는 의지만 있으면 된다. 새로운 아이디어를 한번 실험해 보고, 활용하고, 편안한 상태로 들어가고,
즐기려는 의지다. 이 과정에서 당신의 내재된 천재성이 깨어날 것이다. 당신이 아이였을 때처럼 돼보라. 우리 안에 내재된 호기심을 발휘해 궁금해하고, 경험하고, 발견해 보라. 그러면 편안하면서도 수월한 완전히 새로운 읽기 세계가 당신에게 펼쳐질 것이다.

독서는 당신의 일상과 업무 영역에서 새로운 능력의 원천이
될 것이다. 당신은 글로 쓰인 자료를 새로운 차원의 효율성으로 탐구할 것이다. 포토리딩 홀 마인드 시스템이 제공하는 혜택으로, 당신은 기쁨과 놀라움이 넘치는 새로운 삶을 경험하게 될 것이다.

다음 장에서 당신은 이 과정을 위한 준비를 마칠 것이다.

포토리딩 스토리 1

어떤 학생은 한 학기 만에 고등학교 수학 성적을 D에서 B로 올렸다. 그는 수학책을 포토리딩한 덕분에 문제를 더 잘 풀 수 있었다고 했다. 또 다른 학생은 주제 리포트를 준비하기 전에 다양한 책을 포토리딩했다. 선생님은 그녀의 리포트에 A+를 주며 다음과 같이 코멘트를 남겼다. '글쓰기 스타일이 하룻밤 사이에 향상됐음. 어떻게 한 거니?!'

몇몇 뮤지션들은 포토리딩을 음악에 접목한 사례를 들려줬다. 그들은 처음으로 연주하는 곡이 있을 때, 하루 전에 악보를 포토리딩하면 연습이 훨씬 쉬워진다고 했다. 마치 그 곡을 이미 연습한 것과 같다고 한다.

멕시코 출신의 한 심리학 박사는 캘리포니아 컨퍼런스에서 20페이지 분량의 연구 논문을 발표해 달라는 요청을 받았다. 논문이 스페인어로 쓰여 있어서 영어로 번역해야 했다. 그녀는 이중 언어 구사자였지만 스페인어로 쓰인 글을 영어로 말하는 것에 항상 어려움을 겪었다. 그녀는 발표가 있기 전날 밤낮으로 스페인어-영어 사전을 여러 번 포토리딩했다. 연설 중에 그녀는 유창하게 영어로 말했다. 그녀는 발표가 진행되는 시간 동안 어려움 없이 그저 편안했다고 전했다.

한 정원사는 정원 관리 가이드에 관한 내용을 포토리딩한 후, 식물을 더 쉽게 인식할 수 있었다.

한 고등학교 영어 교사는 헤밍웨이에 관한 미국 문학 단원을 준비했다. 그 과정에서 헤밍웨이의 글에 대한 모든 해설과 그가 쓴 모든 책을 포토리딩했다. 여기에는 수업 단원에서 다룰 두 권의 책도 포함돼 있었다. 그녀는 이 두 권의 책을 래피드리딩 방식으로 읽었다. 그리고 강의 중에 자발적으로 활성화되는 것에 놀랐다. 그 단원의 주제에 관해 풍부한 예시와 함께 설명했다. 그녀가 지금까지 가르친 어떤 수업 때보다 더 깊이 있게 수업을 진행할 수 있었다.

산악 자전거 선수는 넓어진 시야로 언덕을 더 빠르게 내려가게 됐다. "저는 내면의 직감을 믿어요. 마음이 편안하고, 자전거가 울퉁불퉁한 길 위를 떠다니는 것 같습니다."

한 신입 직원은 사내 회의에 처음으로 참석했다. 그녀는 회의 전에 몇 분 동안 보고서를 포토리딩했다. 그리고 예전에 오랫동안 함께 일하던 직원처럼 대화에 참여해 미팅에 기여했다. "미팅은 자료를 활성화하는 시간이었습니다. 저와 동료 중 누가 더 놀랐는지 모르겠네요."

친구 사이인 두 사람이 겨울에 스키 여행을 갔다. 저녁 시간이 되자 벽난로 앞에서 각자 가져온 소설을 읽었다. 한 명은 소설을 한 권 챙겨왔다. 포토리더였던 또 다른 한 명은 다섯 권을 챙겨왔다.

한 화학자는 대학교 교재를 포토리딩하는 것이 과거에 어려움을 겪었던 도표 이해력을 향상시키는 데 도움이 된다는 것을 발견했다.

수년간 테니스를 함께 쳐온 친구 두 사람이 있었다. 그중 한 명은 포토리딩 강의에 참석 후, 테니스에 관한 다섯 권의 책을 포토리딩했다. 이후 갑자기 실력이 크게 향상돼 친구가 놀라워했다. 어떻게 향상됐는지 알게 된 이후, 다른 친구도 포토리딩 강좌에 등록했다. 그 결과 그의 테니스 실력도 같은 수준으로 향상됐다.

한 초보 포토리더는 포토리딩을 자연스럽게 하기 위해 몇 주 동안 하루에 열 권씩 포토리딩했다. 어느 날 아침, 그는 양자물리학이 두뇌와 어떻게 관련되는지에 대한 책을 포토리딩했다. 오후에 진행된 미네소타 바이킹스 풋볼 경기 시간 동안, 그는 물리학에 대한 생각, 아이디어, 개념, 원리, 이론을 자연스럽게 떠올렸다. 며칠 후 그는 동료들에게 이 경험에 대해 말했다. 그중 한 명은 물리학 전문가였다. 물리학 전문가는 포토리더에게 물리학 관련 내용에 관해 몇 가지를 물었고, 그가 일반인으로서 물리학에 대해 상당한 지식을 가졌다고 인정했다. 포토리더는 책을 활성화하면 추가적인 지식을 쉽게 얻을 수 있다는 큰 자신감을 가졌다. 포토리딩 과정으로 이해를 위한 기초를 견고하게 다졌기 때문이다.

2장
오래된 독서 습관 VS. 새로운 독서법

잠시 시간을 내어 당신이 매일 접하는 읽기 자료를 머릿속에 생생하게 그려보기 바란다. 아마도 이런 종류일 것이다.

- 웹사이트, 블로그, RSS 피드, 온라인 게시글, 메신저 메시지, 소셜미디어 콘텐츠, PDF 같은 전자 파일
- 잡지 또는 전문지
- 신문
- 우편과 이메일
- 메모
- 사용자 매뉴얼이나 참고 가이드
- 교육 자료
- 보고서
- 제안서나 판매 문서
- 명세서
- 논픽션 도서
- 소설, 희곡, 시

다음 질문에 마음속으로 빠르게 답해 보기 바란다.

"읽은 것을 얼마나 잘 이해하는가?"
"읽은 내용을 얼마나 잘 기억하는가?"
"독자로서 당신의 강점은 무엇인가?"
"당신의 독서 방식에서 가장 바꾸고 싶은 한 가지는 무엇인가?"

현재 당신의 독서 방식을 생각하며, 당신의 미래에 대한 두 가지 시나리오를 상상해 보자.

첫 번째는 우리가 '초보 독서가의 역경'이라고 부르는 시나리오다.

사무실에 들어가자마자 아직 읽지 않은 이메일, 보고서, 매뉴얼, 잡지 더미가 당신을 맞이한다. 쌓여 있는 문서 더미가 당신을 꾸짖는 것 같다. 왜 나를 아직도 열람하지 않느냐고 말이다. 하지만 당신은 그것들을 마주하는 대신 다른 방법을 쓴다. 어딘가에 자료를 집어넣거나 열람을 미룬다. 눈에선 치워도 걱정은 계속된다. 중요한 아이디어나 팩트에 관한 정보를 묻어뒀기 때문이다. 이것 중 일부는 승진하는 데 도움이 되거나 당황스러운 실수를 피하도록 이끄는 중요한 인사이트다. 일상적인 회의와 전화 통화를 하면서, 당신은 내일은… 그 자료를 읽을 거라고 스스로에게 다짐한다.

집에서도 마찬가지 상황이다. 손도 대지 않은 잡지, 신문, 우편물 더미가 집 안 여기저기에 자리 잡았다. 이것들을 처리할 가능성은 희박하게만 느껴진다.  특별한 날에 즐겁게 읽으려고 모아둔 소설, 전기, 자기계발서는 어떨까? 다른 일을 처리하느라 그 특별한 날은 계속해서 멀어진다.

전문 훈련이나 교육을 받으면 좋을 것 같다는 생각도 든다. 승진이나 이직 같은 더 나은 커리어 패스, 추가 수입, 연봉 상승 등을 생각하면 기분이 좋아진다. 하지만 한 가지 질문이 당신을 주저하게 만든다. '훈련이나 교육에 필요한 자료를 언제 다 읽지?'

갑자기 기적이 일어나 읽지 않은 더미들을 정복한다 해도, 당신은 또 다른 도전에 직면하게 된다. 그것은 바로 읽은 내용을 기억하고, 설명하고, 적용하는 과제다. 그래서 당신은 독서를 또 하루 미룬 채 혼란, 혼돈, 조용한 절망 속에서 살아가게 된다.

이 시나리오가 혹시 당신에게 익숙한 상황처럼 느껴지는가? 당신은 초등학교에서 배운 읽기 테크닉으로 이 정보의 시대에 맞서는가?

자 이제 우리가 '포토리더의 기쁨'이라고 부르는 두 번째 시나리오를 살펴보자.

당신은 효과적이며 적절한 의사결정을 내리기 위한 정보를 모두 안다는 느낌으로 매일 업무를 시작한다. 언제든지 자료를 읽을 때 당신은 애쓰지 않고 편안하다. 당신이 제안하는 내용은 탄탄한 증거와 근거를 기반하기 때문에 쉽게 승인을 받는다.

전문 보고서를 읽는 데 몇 시간이 걸리던 과거와 달리, 이제는 문서당 단 몇 분 만에 처리한다. 업무를 마무리하며 정리된 책상을 한번 살펴본다. 내일을 위한 준비를 마친 것 같은 느낌이 든다.

이러한 긍정적 변화는 일상생활에까지 확장된다. 집 안 곳곳을 차지하던 읽지 않은 책, 잡지, 신문, 우편물 더미는 사라졌다. 당신은 매일 10~15분 만에 신문에서 최신 뉴스를 파악한다. 의자에 앉아서 '읽어야 할 것' 목록을 한 번에 줄이거나 없앤다. 그리고 남은 시간에  는 해야 할 일 목록에서 최우선 과제를 꾸준히 완수한다.

당신은 향상된 독서 능력으로 필요한 과정을 수강하고, 학위를 받고, 승진하고, 새로운 과정을 수강하고, 지식을 확장하고, 호기심이 가는 내용을 알아간다. 이 모든 과정이 쉽게 이루어져 학습 자체가 즐거워진다.

이제 본업을 위한 시간을 넘어 소설, 잡지, 즐거움을 위한 독서를 할 시간을 갖는다. 이 과정에서 휴식을 위한 자유 시간도 만들어 낸다.

이 시나리오를 몇 초 동안 당신의 마음과 머릿속에 담아두자. 숙달과 즐거운 결과에서 오는 느낌을 음미해 보기 바란다. 새로운 읽기 능력으로 얻게 될 여유 시간, 부, 즐거움을 만끽하라. 자신감이 느껴지지 않는가?

지금 당신의 미래를 결정하라

이 책에서 당신이 기억했으면 하는 한 가지 메시지가 있다. 그것은 바로 당신은 원하는 시나리오를 선택할 수 있다는 것이다. 위에서 언급한 두 모습 중 하나를 곧바로 선택해 나아갈 수 있다. 어떤 시나리오든 당신은 그것을 선택해 이룰 수 있는 힘을 이미 가졌다. 원하는 미래를 만들기 위해서는 미래로 가는 방향을 정하고 그 길로 나아가기로 결심해야 한다.

만약 독서로 당신의 운명을 개척하라는 말이 너무 드라마 같거나 터무니없이 들린다면 통계 하나를 살펴보자. 책을 구매한 사람들 중 겨우 10퍼센트 미만이 1장을 넘긴다고 한다. (축하한다! 당신은 이미 2장을 읽는 중이다.)

포토리딩 세미나에 등록한 많은 사람들은 구매한 책의 표지도 넘기지 못했다고 말한다. 그들은 책, 잡지, 브로셔, 우편물, 이메일, 보고서를 쌓아두거나 다른 사람들에게 돌리기만 한다. 이렇게 방치된 자료 속 정보는 점점 사라져가는 잉크일 뿐이다.

　이 책의 도입부를 넘어가면서, 당신은 독서를 위한 새로운 도구 세트를 발견할 것이다. 이 도구들을 사용하라. 그러면 당신은 이상적인 독서 시나리오를 현실에서 가능하게 만들, 당신이 가진 힘을 발견할 것이다. 하지만 만약에 당신이 이 장에서 읽기를 멈춘다면, 당신의 독서 경험은 지금과 똑같을 것이다.

오래된 독서 습관을 깨라

　나는 당신이 원하는 것은 결과라는 것을 안다. 그리고 당신은 아마도 내가 제안하는 다양한 테크닉을 시도해 볼 것이다. 하지만 그저 시도만으로 새로운 결과를 얻을 수는 없다. 더 넓은 관점에서의 전환이 필요하다. 당신은 독서에 대한 새로운 관점을 받아들여야 한다.

　독서에 관해 당신이 아는 내용을 한번 떠올려보라. **당신 방금 생각한, 바로 그 내용이 새로운 결과를 얻는 데 방해 장벽이 될 수 있다.** 초등학교에서 배운 독서 방식은 우리가 가진 마인드의 능력을 제한한다. 그리고 이 독서 모델 또는 '패러다임'은 당신의 행동과 잠재적인 결과에 커다란 영향을 미친다.

　초급 독서 방식은 꽤나 수동적이다. 종종 명확한 목적 없이 진행한다. 신문 기사를 10분 동안 읽고 나서 시간 낭비였다는 것을 깨달은 적이 있는가? 수동적으로 읽으면 이와 같은 일이 일어난다.

초급 독서의 격언은 '모든 책과 모든 자료를 같은 속도로 읽기'다. 우리는 보통 만화책에서 교과서에 이르기까지 모든 종류의 자료를 똑같은 속도로 읽는다. 전문지에서 데이터를 찾을 때와 즐기기 위해 소설을 읽을 때, 서로 다른 속도로 읽어야 하는 건 어쩌면 당연하다.

초급 독서 방식을 적용할 때, 우리는 처음부터 제대로 읽어야 한다는 압박감을 느낀다. 그리고 우리는 자료를 한 번 읽고 모든 것을 이해하기를 기대한다. 그렇지 못할 때, 우리는 스스로 독서 능력이 부족하다고 느낀다. 뮤지션은 악보를 딱 한 번 보고서 완벽하게 연주해야 한다는 압박을 받지 않는다. 그런데 우리는 왜 책을 한 번 읽고 완벽하게 이해하기를 기대하고 압박을 받는가?

단 한 번 읽으면서 우리가 달성해야 하는 과제를 생각해 보라. 구조를 이해하고, 핵심 용어를 파악하고, 주요 논쟁, 줄거리, 중심 사건을 따라가야 한다. 이 모든 것을 기억하고, 비평하고, 정확히 인용해야 한다.

이러한 요구에 직면하면 의식 마인드는 종종 압도돼 셧다운 될 수 있다. 책이나 문단의 마지막 부분에 도달했지만, 방금 읽은 내용이 생각나지 않을 때 느끼는 불안감은 이런 상황을 악화시킨다. 혹시 당신도 이런 일을 겪은 적이 있는가?

정보 과부하 시대, 우리는 너무나 많은 정보 속에 압도되기 쉽다. 눈은 페이지를 따라 내려가지만 당신의 마음은 먼 곳으로 가버린 적이 있는가? 이것은 마치 집에 불이 켜져 있지만 그 안에 아무도 없는 것과 같다.

이는 '문서 쇼크 Document shock'로 이어진다. 당신의 내면에서 합선이 생기는 것이다. 선을 타고 너무 많은 전류가 흐르면 배선이 연기를 내며 타버린다.

이러한 의식 수준에서의 고장으로 인해, 독서할 때 정보의 흐름은 아주 느려진다. 더 많은 사실, 더 많은 세부 내용, 더 많은 데이터를 밀어 넣으려고 할수록 우리가 기억하는 것은 더 적어진다.

정보 과부하 시대에 우리는 마치 굶주린 상태에서 캔 오프너 없이 수프 캔만 가진 사람이 된 것처럼 느껴지기 쉽다. 초등 독서 기술 때문에 우리는 종종 배고픈 채로 남겨진다. 책, 정기 간행물, 매뉴얼, 이메일, PDF를 포함한 다양한 디지털 자료를 힘들게 읽지만, 결국 우리가 얻을 수 없는 무언가에 대한 갈망을 마주한다. 정보 더미에서 우리에게 필요한 유용한 것은 여전히 봉인된 채로 남아있다.

우리는 초등 독서 습관으로 필요한 것을 얻을 수 있을까? 만약 당신의 대답이 "아니오"라면, 당신은 문제가 있는 걸 안다는 의미다. 문제를 발견한 건 훌륭한 일이다. 당신은 이제 변화할 준비가 된 강력한 상태에 들어섰다.

새로운 독서법을 수용하라

초등학교에서 배운 독서 모델과는 다른 접근 방식을 선택하자. 새로운 방식을 익힌 이들은 유연하게 독서한다. 자료에 따라 속도를 조절한다. 문서에서 본인이 무엇을 원하는지 안다. 지속적으로 실제 혜택을 제공하는 보석 같은 정보를 찾아낸다.

'능동적이고, 목적의식이 있으며, 질문하고, 적극적으로 참여하는'과 같은 수식어는 탁월한 독자를 설명하는 말이다. 포토리딩 홀 마인드 시스템을 배우면서 효과적인 독서 전략은 당신의 강점이 될 것이다. 이 과정에서 당신은 정보 저장과 회상 측면에서 향상된 기억력과 독서의 즐거움을 경험하게 될 것이다.

포토리딩은 당신이 초등 독서 모델에서 벗어나 홀 마인드 독서를 하도록 변화시킨다. 당신은 전통적인 독서 이론에서 벗어난 독자가 될 것이다. 그리고 이 과정에서 포토리딩이 가능할 리 없다고 말하는 많은 사람을 만날 것이다. 실제 내가 경험한 사례는 다음과 같다.

러닝 스트래티지스 코퍼레이션의 한 동료는 대학교 교수들조차 새로운 패러다임에 저항하는 상황을 목격했다. 미네소타의 한 대학교 교수진들은 우리가 포토리딩 세미나를 여는 것을 막으려 했다. 포토리딩이 불가능하다는 이유였다.

내 동료 포토리더는 직접 시연해 달라는 제안에 응했다. 미국 특허법 책 한 권을 비디오 모니터에 페이지별로 보여줬다. 그는 이 자료를 약 초당 30페이지(분당 69만 단어 이상)의 속도로 표시되는 대로 포토리딩했다. 그후 그는 이해도 측정에서 75퍼센트를 받았다. 또한 여섯 개의 특허 도해를 대략적으로 그렸고, 숫자 순서를 정확히 적었다.

미네소타 교수진의 눈앞에서 패러다임이 바뀌었다. 그래서 그들은 세미나 개최를 지원했을까? 아니었다. 눈앞에서 목격했으면서도 믿지 않았다. 패러다임을 바꾸려면 **보기 전에 먼저 믿어야 한다**. 포토리딩을 패러다임 전환이라 생각하라. 그러면 당신은 '불가능한' 일을 할 수 있을 것이다. 이 책에 설명된 기술을 연습하면, 당신은 초고속 속도에 도달할 수 있다.

분당 2만 5000단어를 '읽을' 수는 없다

포토리딩을 배우기 전에 많은 사람들이 위와 같은 이야기를 듣고 "말도 안 돼! 그렇게 빨리 읽을 수는 없어."라고 반응한다.

그들의 말이 맞다. '의식 마인드'로 그렇게 빨리 읽을 수는 없다. 포토리딩은 우리가 일반적으로 아는 '읽기'가 아니다. 분당 2만 5000단어 속도로 정보를 처리하는 방식은 비판적, 논리적, 분석적인 마인드를 일시적으로 우회할 때만 가능하다. 포토리딩은 의식 마인드로 진행하지 않는다. 그 대신에 일반 독서에서는 거의 사용하지 않는 마인드의 광대한 계층을 활용한다. 이는 문자 그대로 두뇌를 새로운 방식^{way}으로 사용한다는 것을 의미한다.

매일매일 겪는 독서 과제에 '홀 마인드'를 사용하는 독서법을 채택해 보자. 우리는 지배적으로 활용하는 '좌뇌'에서 분석, 정보 순서화, 논리적 추론 능력을 끌어낸다. 비지배적인 '우뇌'에서는 종합하고, 이해하고, 내면의 이미지를 만들고, 직관적 반응 능력을 얻는다.

초당 한 페이지, 즉 분당 약 2만 5000단어의 속도로 책을 마치 정신적으로 사진을 찍는 것과 같은 방식^{Mentally Photograph}을 배울 때, 당신은 정보 처리에 대한 새로운 접근법을 취하는 것이다. 이 정도의 속도에서는 초등 독서의 오래된 방식은 불가능하다. 좌에서 우로, 단어별로, 줄별로 읽는 방식으로 작동하지 않는다. 당신은 두뇌에서 비의식적^{nonconscious}2 이고 비지배적인 영역의 능력을 활용해 페이지 내용을 흡수한다.

포토리딩 이후 다음으로 해야 할 단계는 두뇌 자극과 활성화다. '활성화하기^{Activate}'라 부르는 이 단계에서 당신은 독서 목표를 달성하기 위해 필요한 정보를 책에서 추출할 수 있다.

비의식 수준에서 문자를 처리할 수 있다는 것을 받아들이면

---

2   포토리딩에서는 비의식^{nonconscious}과 전의식^{preconscious}이라는 단어를 주로 쓴다. 잠재의식^{subconscious}, 무의식^{unconscious}이라는 용어와는 구별해 사용한다.

독서 패러다임이 바뀐다. 이 전환으로 강력하고 효과적인 방법으로 쉽고 편안하게 독서할 수 있다. 초보 포토리더로서 당신은 이전에 20시간이 걸렸던 책을 3시간 만에 완전한 이해도로 읽게 될 것이다.

성공으로 가는 예상치 못한 길을 택하라

포토리딩의 일부분은 처음에 접할 때 특이하다고 느낄 수 있다. 우리가 흔히 예상하는 속독 테크닉을 배우는 대신에, 당신은 귤 기법, 미니 소시지 보기^{cocktail weenies}, 꿈 기억하기 그리고 다른 독특한 테크닉에 대해 배울 것이다. 나는 목적의식을 가지고 어쩌면 당신이 필요하다고 생각하지 않았던 경험으로 안내할 것이다. 당신이 경험해 보지 못했고 어쩌면 원하지 않았을 수도 있다.

이상하게 들리는가? 스키를 탈 때 슬로프를 내려오면서 물리학 원리를 발견하는 것보다 더 이상하지는 않다. 왜 그렇게 하면 안 되는가? 패러다임을 바꾸기 위해 우리는 비정상적으로 보이는 듯한 예상치 못한 길을 택해야 한다. 그렇지 않으면 우리는 현재 문제 인식에 맞는 방식으로만 독서 문제를 해결하려고 할 것이다.

예를 살펴보자. 우리는 읽어야 할 자료가 많을 때 읽는 속도를 높여보지만 이해도는 떨어진다. 다음엔 이해도를 높이기 위해 속도를 늦추면서 의식 마인드에 과부하를 준다. 이런 방식은 실제로 속도나 이해도 향상은 없이 내부 혼란만 커진다. 결국 우리가 해결하려고 했던 정보 처리 문제를 다시 만들어 낸다. 읽어야 할 자료는 여전히 많이 남아 있다.

변명을 넘어서는 새로운 방법

초당 한 페이지를 빠르게 본다는 게 말이 안 된다고 생각된다면 한 가지를 기억하라. 초점이 맞지 않는 오래된 렌즈로 세상을 바라보면, 새로운 접근 방식은 언제나 비현실적으로 보이기 마련이다. 패러다임이 바뀌면 모든 것은 새롭게 시작된다. 과거의 규칙은 더 이상 적용되지 않을 수 있다. 그럼에도 불구하고 커다란 변화는 고통 없이, 순간적으로, 광범위한 영향을 끼치며 일어난다.

포토리딩 수강생 중 한 기계공학자가 말한 내용이 인상 깊었다. 그는 이렇게 말했다. "우리 마인드가 무한하다고 생각하면 두렵기도 합니다. 이 생각을 하면 우리는 그 어떤 변명도 할 수 없게 되니까요." 패러다임을 바꾸기 어렵다면 또 다른 포토리더의 말도 한번 들어보기 바란다. "익숙하지 않은 세계로 들어가 보세요. 두려워하지 마세요. 여러분은 그곳에서 단단하게 기반을 쌓거나 날아다니는 법을 배울 거예요."

우리는 새로운 행동과 태도를 가지고 실험에 임해야 한다. 그렇지 않으면 우리 삶에서 어떻게 새로운 결과를 만들어 낼 수 있겠는가? 우리가 개최하는 세미나의 한 참석자는 성공에 대한 두려움을 극복하고 말했다. "마침내 이해했어요. 저는 이 세미나로 제 삶을 변화시킬 것입니다. 하지만 지금까지 저는 신념이나 행동을 전혀 바꾸지 않고도 변화할 수 있을 거라고 잘못 생각했네요."

버려야 할 것

글머리 기호 (•) 읽기

포토리딩을 마스터하기 위해 당신은 아래 목록에 있는 것을 버려야 한다.

- **학습자로서 낮은 자존감**
- **미루기, 자기 의심 같은 자기 패배적 습관**
- **피드백과 학습에 집중하기보다 '전부 아니면 전무' 같은 방식으로 실패를 두려워하는 완벽주의**
- **비의식 마인드와 직관력에 대한 불신**
- **모든 것을 즉시 알고자 하는 욕구**
- **성과에 대한 불안감**
- **스트레스를 주는 긴박감**

무엇보다도 당신은 성공을 방해하는 부정적 태도를 버려야 한다. 포토리딩 세미나의 한 참가자는 자신을 결코 독자로 여기지 않았다. 그의 믿음은 스스로에게 장애물이 됐다. "저는 새로운 독서법을 배울 수 없을 것 같아요." 같은 세미나에 참석한 다른 참가자도 본인의 독서 실력이 좋지 않다고 했다. 하지만 그녀는 한계 극복에 좀 더 열려 있었다. "저는 포토리딩 독서법을 마스터하기 위해 무엇이든 시도해 볼 거예요."

두 사람 모두 포토리딩을 배웠다. 전자는 부정적 신념에 사로잡혀 스스로 가진 진정한 능력 발견에 애를 먹었다. 하지만 그의 내면에 중요한 변화가 생기자, 그는 포토리딩 홀 마인드 시스템을 삶에서 변화 도구로 삼을 수 있었다.

당신은 포토리딩으로 큰 변화를 맞이할 것이다. 한 가지 안심해도 되는 부분이 있다. 당신은 독서의 즐거움을 포기할 필요가 없다. 당신은 일반 독서 기술을 유지할 것이다. 소설을 좋아하는 한 여성은 포토리딩을 배운 후 "독서의 즐거움을 다시 발견했어요!"라고 말했다. 작품을 음미하고 즐기기 위한 그녀의 독서 경험은 더 풍부하고 충만해졌다.

포토리딩 홀 마인드 시스템 개요

정보 시대에 독자로서 당신에게 요구되는 사항은 매우 크다. 포토리딩 홀 마인드 시스템은 어떤 도전에든 맞설 수 있도록 돕는다. 이 시스템은 모든 주제에 작동하며 다양한 목적·포맷·형태의 글, 속도, 이해 수준에 유연하게 적용할 수 있다.

포토리딩 홀 마인드 시스템의 다섯 단계는 당신이 가진 마인드 전체 능력을 강력하고 효과적으로 사용한다. 각 단계를 개괄적으로 살펴보자. 앞으로 나올 다섯 장에서 당신은 각 단계를 효과적으로 적용하는 기술을 익힐 것이다.

해당 장 끝까지 읽기

1단계: 준비하기 Prepare

효과적인 독서는 명확한 목적과 함께 시작된다. 독서로 얻고자 하는 결과를 의식적으로 설정한다. 예를 들어 당신은 주요 내용에 대한 간단한 개요 수준의 정보만을 원할 수 있다. 또는 세부 문제에 대한 구체적인 해결책을 찾으려고 할 수도 있다. 당신은 아이디어를 찾으며 업무를 완료하려고 할 수도 있다. 목적은 레이더 신호와 같이 내면 마인드에서 작동해, 당신이 찾는 것을 발견하고 원하는 것을 얻도록 돕는다.

명확한 목적으로 힘을 얻으며 당신은 독서와 학습에 이상적인 '편안한 각성relaxed alertness' 상태에 들어간다. 이 상태에서는 지루하거나 불안하지 않다. 노력하지만 결과에 대해서는 걱정하지 않는다. 어린아이들이 노는 것을 관찰해 본 적 있는가? 어린아이들은 놀이를 할 때 편안하면서도 목적의식으로 꽉 찬 상태를 잘 보여준다.

2단계: 미리보기 Preview

미리보기 단계에는 효과적인 학습에서 종종 발생하는 '전체에서 부분으로'라는 원칙이 녹아 있다. 독서할 때 큰 그림에서 시작해 더 작고 세부적인 부분으로 진행한다.

미리보기는 짧게 진행하며 방법은 간단하다. 보통 책에는 60초~90초 정도 진행한다. 긴 보고서에는 60초, 짧은 기사에는 30초 정도를 할애한다. 그 시간 동안에 당신은 책이나 문서에서 일반적인 전체 내용을 빠르게 파악한다. 또한 어떤 내용이 포함됐는지 살펴보고, 준비하기 단계에서 정한 목적을 명확히 하고 다듬는다. 그리고 자료나 책을 계속해서 읽을지 말지 결정한다.

어렸을 때 우리는 '뛰어들기 전에 먼저 한 번 보라'고 들어왔다. 미리보기는 수영장 안으로 뛰어들기 전에 발을 한 번 담가보는 것과 같다. 이 단계에서 자료나 책의 핵심과 당신이 접할 내용에 대한 대략적인 느낌을 느낄 수 있다. 이는 책이나 자료를 더 읽을지 말지 결정하는 데 도움이 된다.

3단계: 포토리딩 PhotoRead

포토리딩은 '마인드 리소스 레벨 resource level of mind'이라고 불리는 완전히 편안하게 각성된 몸과 마인드 상태에 들어가는 것으로 시작한다. 이 상태에서는 산만함, 걱정, 긴장 상태가 사라진 것처럼 느낀다.

그 이후 '포토포커스 PhotoFocus' 상태를 위해 당신의 시선을 조정한다. 이때 완전히 새로운 방식을 적용해 시야를 넓힌다. 우리가 일반적으로 글자를 볼 때처럼 단어나 글자 하나하나를 선명하게 보지 않는다. 대신에 눈에 힘을 빼고 부드럽게 해 주변 시야를 확장하면서 책의 네 모서리를 본다.

포토포커스는 시각적 자극이 두뇌에 직접 노출되도록 물리적, 정신적으로 창을 만드는 방식이다. 이 상태에서 당신은 전체 페이지를 '정신적으로' 사진을 촬영하듯이 찍어 마인드의 전의식 처리기[3]에 노출시킨다. 각 페이지 내용을 노출시키는 것은 직접적인 신경 반응을 자극한다. 두뇌는 의식 마인드의 비판적·논리적 사고 과정에 방해받지 않고 패턴 인식 기능을 수행한다.

1초에 한 페이지 정도의 속도로, 당신은 3~5분 만에 한 권의 책을 포토리딩할 수 있다. 포토리딩은 전통적인 독서 방식이 아니다. 포토리딩을 진행한 이후 의식 영역에서 당신은 책이나 자료의 내용을 거의 또는 전혀 인지하지 못할 수 있다. 의식 영역에서는 아무것도 모른다고 느낄 수 있다. 우리에게 필요한 의식적 인지는 이어지는 두 단계에서 만들어 낼 것이다.

4단계: 다시보기 Postview

포토리딩을 하고 나서 곧장 다시보기 단계로 넘어간다. 이 단계에서 당신은 5단계에서 진행할 활성화를 위한 계획을 세운다. 다시보기에서 진행하는 세 가지는 12분밖에 걸리지 않는다. 세 가지 활동에는 읽기 자료에 대한 조사하기, '트리거 단어 trigger words' 찾기, 당신이 궁금한 부분에 대한 질문 만들기가 있다.

---

[3] 누군가 당신에게 "어제 저녁에 뭐 먹었어?"라고 물었을 때 어제 저녁에 먹은 음식이 머릿속에 떠오를 것이다. 포토리딩 홀 마인드 시스템에서 이러한 기억은 비의식 영역에 자리 잡는다고 한다. 그리고 이러한 생각을 떠올리게 하는 것이 전의식 처리기 preconscious processor 다.

신문, 잡지와 같은 아티클 형태를 조사할 때는 1분 정도 진행한다. 당신의 독서 목적과 관련이 있으면서 흥미로운 부분, 그래프, 표, 굵게 표기된 글씨 등을 살펴본다. 책은 2~3분 정도 걸릴 수 있다. 조사하기는 비유하자면 마치 책을 엑스레이로 찍는 것과 같다. 기저에 깔린 구조를 파악한다. 이 행위로 학습 이론가들이 스키마[4]라 부르는 것을 파악한다. 저자가 아이디어를 제시하는 방식에 대해 예상할 수 있다. 문서 구조를 파악하면 내용을 더 정확히 예측한다. 결과적으로 당신의 이해력이 증가하고 독서가 더 즐거워진다.

트리거 단어는 당신이 좀 더 자세히 알고 싶은 부분에 대한 키워드다. 트리거 단어는 호기심을 자극한다. 또한 우리의 두뇌에서 연관성과 신경 연결을 만들도록 자극한다. 모든 페이지를 한 장 한 장 전부 다 꼼꼼히 읽으면서 찾을 필요 없다. 20페이지당 한 개 정도의 트리거 워드를 찾는 것으로 충분하다. 10~20개 정도의 트리거 단어를 찾았다면, 이제 답을 얻기 위한 질문을 만들 시간이다. 좋은 질문은 빠르고 효과적인 활성화로 이끈다.

---

[4] 표준국어대사전의 정의에 따르면, 스키마란 '외부 환경에 적응하도록 환경을 조작하는 감각적·행동적·인지적 지식과 기술을 통틀어 이르는 말'이다.

5단계: 활성화하기 Activate

활성화 단계 중 가장 먼저 할 것은 쉽다. 20분에서 24시간 사이에 읽은 자료를 그저 곁에 두는 것이다. 그 다음으로 다시보기 단계에서 기재한 질문을 다시 보며 두뇌를 한 번 더 자극한다. 그리고 당신에게 가장 끌리는 부분을 살펴볼 것이다.

당신의 독서 목적에 따라 선택할 수 있는 다양한 활성화 도구들이 있다. 예를 들어 책의 가운데 열을 '슈퍼리딩 Super Read'하면서 텍스트의 가장 중요한 부분을 스캔하듯이 빠르게 살펴볼 수 있다. 내게 와닿거나 필요한 내용이라고 느껴지면, 글의 세부사항에 좀 더 집중하고 이해하기 위해 '디핑 Dip'을 할 수 있다. 디핑할 때는 당신의 직관을 활용하라. 당신의 내면에서 "147페이지의 마지막 단락을 봐! 그래, 그게 맞아. 내가 원하는 아이디어가 바로 거기에 있어."라고 말하는 것처럼 느껴진다면 그대로 해보라.

이 책을 읽으면서 함께 개발할 다른 활성화 테크닉은 '리드미컬한 정독 Rhythmic Perusal', '스키터링 Skittering', '마인드맵 Mind Mapping'이 있다. 이 방식도 포토리딩으로 형성된 더 깊은 인상과 느낌에 접근하는 데 도움을 준다. 기술이나 전문 영역의 복잡한 자료를 읽을 때는 '래피드리딩$^{Rapid\ Reading}$'이라 불리는 활성화 테크닉을 활용한다. 이 방식은 소설을 읽을 때도 활용한다.

활성화하기를 간단하게 요약하면, 두뇌 전체를 활용해 글을 의식적인 인지와 연결하면서 독서 목표를 달성하는 단계다.

전체적인 개관을 염두에 뒀다면 실행할 준비를 마쳤다.

포토리딩 스토리 2

자수성가한 부동산 개발자의 사례도 있다. 그는 고등학교 1학년 때 중퇴한 이후 학습과 멀어졌다. 그는 50년 동안 단 세 권의 책을 읽었다고 했다. 포토리딩을 배운 후 그는 "정말 놀라워요. 지난 2주 동안 열두 권을 읽었어요. 너무나 즐겁습니다. 포토리딩은 제 인생에서 가장 즐거운 경험 중 하나였습니다."라고 말했다. 그는 오랫동안 자신을 학습과는 거리가 먼 사람으로 여겼다. 포토리딩을 학습하고 자신도 할 수 있다는 것을 알게 됐다.

한 PR 전문가는 포토리딩을 배운 후 장난감 가게를 찾았다. 그는 "포토리딩을 배우고 나서 예전보다 삶을 좀 더 즐기게 됐어요."라고 말했다.

한 임원은 경영 원칙에 관한 수십 권의 책을 포토리딩해 업무 성과를 향상시켰다. 또 다른 포토리딩 수강생은 1년이 지나고 큰 급여 인상을 달성했다. 그녀는 포토리딩 덕분에 산업에 관한 이해도가 향상됐고 생산성이 극적으로 개선됐다고 했다.

런던의 한 영업사원은 매출이 저조해지자 자존감과 자신감에 관한 책을 포토리딩했다. 그는 자신감, 태도, 매출에서 즉각적인 변화가 일어남을 알아챘다.

한 그래픽 아티스트는 정기적으로 디자인 책들을 포토리딩했다. 그는 창의력이 높아졌다고 말했다.

한 학부모는 아이들의 학업 성취를 돕기 위해 숙제를 포토리딩했다.

한 교정교열 전문가는 문서를 먼저 포토리딩하면 오류를 놓칠 확률이 낮아지는 걸 깨달았다.

대학교에 다니는 엄마를 둔 열세 살 아이는 엄마의 숙제를 도와주고 싶었다. 아이는 대학교 교재를 포토리딩했고 문제를 즉시 이해했다. 이 상황을 본 아이의 엄마는 자신도 포토리딩을 배우기로 약속했다.

한 아마추어 요리사는 그의 서재에 있던 요리책들을 포토리딩했다. 그리고 새로운 레시피를 만들어 냈다.

한 포토리더는 셰익스피어에 대한 지식 기반을 쌓기 위해, 몇 주 동안 셰익스피어에 관한 책 23권을 포토리딩했다. 그런 다음 그는 셰익스피어의 희곡 하나를 들고 앉았다. 그는 태어나서 처음으로 왜 그렇게 많은 사람이 셰익스피어 작품을 즐기는지 이해할 수 있었다. 예전보다 희곡을 좀 더 잘 읽을 수 있다고 느꼈고, 희곡이 매력적이고 즐겁다는 것을 깨달았다.

새 집을 구매한 한 포토리더는 주택 개선을 위한 책을 모조리 포토리딩했다. 그의 프로젝트를 도운 친구들은 그가 주택 개선에 대한 내용을 너무나 많이 알아서 놀랐고, 그에게 조언을 구하기 시작했다.

고등학교 풋볼 코치인 포토리더는 시즌 시작 전에 축구 전술책을 반복해서 포토리딩했다. 그는 경기 상황에서 상대팀의 공격 전략을 예측하고, 이상적인 수비 전술로 대응할 수 있다는 것을 깨달았다. 그의 사고 속도와 정신적 각성 상태가 극적으로 향상됐다.

실직한 포토리더는 새로운 산업에 대해 빠르게 학습했다. 덕분에 더 높은 급여의 새 직장을 얻을 수 있었다.

한 사업가는 법률 고문의 조언을 이해하는 데 어려움을 겪었다. 그는 서점에서 이 주제에 관한 책 여러 권을 포토리딩했다. 서점을 떠나려는 순간, 번뜩이는 영감이 그의 머릿속을 스치며 책 쪽으로 이끌었다. 그는 직감적으로 책 한 권을 집어 들었다. 책을 펼치자마자 법률 고문의 조언을 명확하게 설명한 페이지가 나왔다.

도수 높은 안경을 착용한 포토리더 중 일부는 시력 장애에 긍정적 변화가 생겼다고 알렸다. 1년 동안 꾸준히 포토리딩을 진행한 후, 매년 받는 안과 검진에서 시력 교정 도수가 나빠지지 않고 오히려 개선됐다고 전했다. 안과 의사들은 이와 같은 시력 개선은 매우 드물다고 설명했다.

한 17세 고등학생은 독서를 싫어했지만, 지금은 그 어느 때보다 많이 읽는다. 그녀는 "포토리딩이 제 인생을 바꿨어요."라고 말했다.

제2부

포토리딩 홀 마인드 시스템 익히기

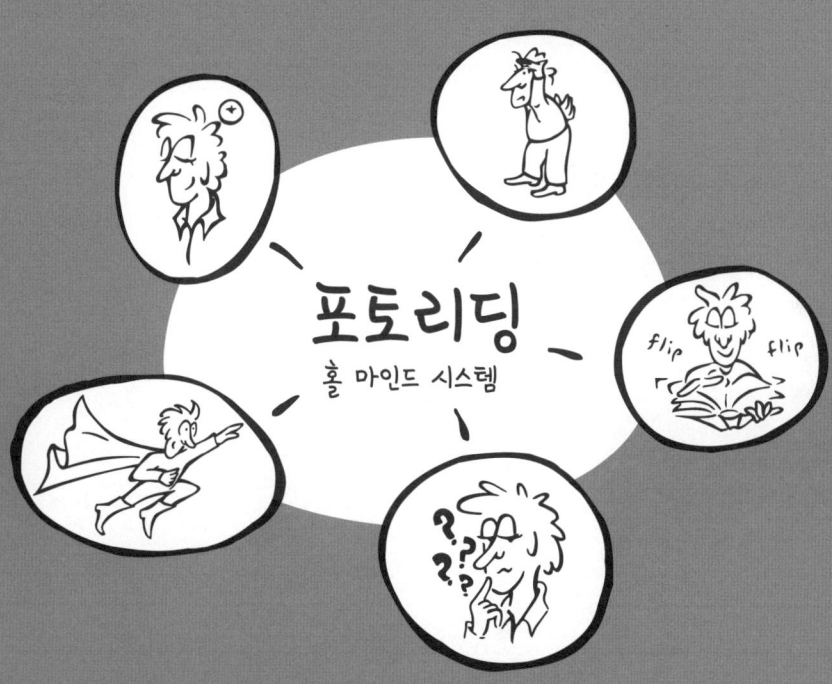

3장
1단계: 준비하기

대중 연설에서부터 낚시에 이르기까지, 잘 준비하면 어떤 활동이든 더 잘할 수 있다. 하지만 예전에 나는 아무런 준비도 없이 책이나 잡지를 집어 들고 그냥 읽기 시작했다.

지금의 나는 독서를 목표 지향적인 활동으로 여긴다. 잠깐의 준비만으로도 내가 읽는 내용에 더 잘 집중하고, 이해하며, 기억할 수 있다. 준비하기는 단순해 보일 수 있지만 효과적인 독서의 토대가 된다. 포토리딩 홀 마인드 시스템의 모든 단계는 사실상 준비하기를 중심에 둔다.

포토리딩을 위한 준비는 단순히 책을 꺼내서 보는 것 이상이다. 당신의 목적을 명확하게 하고, '이상적인 마인드 상태the ideal state of mind'로 들어가기 위한 주의 집중점 고정하기를 포함한다.

1) 목적 설정하기

목적 세우기는 전혀 새로운 개념이 아니다. 16세기 영국 철학자인 프랜시스 베이컨Francis Bacon은 이렇게 말했다. "어떤 책은 맛만 보면 되고, 어떤 책은 삼켜야 하며, 극히 일부의 책만이 씹고 소화시켜야 한다. 즉 어떤 책은 부분만 읽으면 되고, 어떤 책은 궁금해하지 않고 읽을 수 있으며, 극히 일부의 책만이 온전히, 주의 깊게 읽어야 한다."

모든 독서는 의식적이든 무의식적이든 궁극적으로 목적을 가진다. 당신 자신의 목적을 명확하게 표현하면, 성취 가능성이 크게 높아진다. 목적은 능력을 발휘하게 한다. 강한 목적의식을 가지면 거의 모든 것을 이룰 수 있다. 목적은 포토리딩 홀 마인드 시스템을 움직이는 엔진이다.

목적 설정에는 감정적으로나 신체적으로나 느껴지는 힘이 있다. 확고한 목적의식을 가진 독자는 독서에 대해 새로운 감정을 갖는다. 그들은 진지하게 독서에 임한다. 강한 목적의식을 가졌을 때 당신의 신체는 강하고 깨어 있게 된다.

다음과 같은 질문을 생각하며 목적을 설정해 보라.

- **"내가 이 자료를 궁극적으로 활용하려는 목적은 무엇인가?"** 이 자료를 읽은 후 내가 기대하는 행동이나 말의 변화는 무엇일까?

  굵게 표시된 부분 읽기

- **"이 자료는 내게 얼마나 중요한가?"** 장기적으로 볼 때 이 자료는 얼마나 가치 있는가? 이 자료를 읽는 것이 내게 어떤 가치를 창출하는가? 만약 그렇다면, 그 가치는 구체적으로 무엇인가?

- **"나는 어느 정도의 세부 내용을 원하는가?"** 큰 그림을 파악하고 싶은가? 주요 내용만 이해하고 싶은가? 아니면 구체적인 사실과 세부사항까지 기억하고 싶은가? 문서 전체를 읽는 건 내가 세운 목적에 부합하는가? 그것이 아니라면, 내가 원하는 것을 한 장이나 한 섹션만 읽어도 얻을 수 있는가?

- **"나는 목적 달성을 위해 얼마나 많은 시간을 기꺼이 투자할 수 있는가?"** 시간 투자는 그 일에 주의를 기울여 집중하게 만든다. 내가 지금 선택한 활동은 독서이기 때문에, 나는 독서의 중요성을 높이는 중이다.

목적 설정의 예시

한 인사관리 컨설턴트는 미팅 전에 잠재 고객에 대한 기업 보고서를 포토리딩하기 위해 도서관에 갔다. 그녀가 8분의 독서 시간을 투자한 목적은 회사의 동향, 과거부터 현재까지의 상황, 향후 방향성을 파악하는 것이었다. 그녀의 목표는 회사의 경영진과 의견을 맞추고 자신의 역량을 현재와 미래의 필요에 효과적으로 연결하는 것이었다.

한 은행원은 새 컴퓨터와 새 프린터를 연결하려고 했다. 몇 시간 동안 시도했지만 계속 실패했다. 잠자기 전에 그는 두 가지 매뉴얼을 포토리딩했다. 그의 목적은 비의식 마인드가 문제에 대한 세부사항을 발견하고 잠에서 깨어났을 때 해결책을 찾아내도록 하는 것이었다. 깨어난 지 30분이 채 지나지 않아, 그는 프린터를 완벽하게 작동시켰다.

요약하면 이렇다. 당신은 정보를 대략적으로 이해하고 싶은가, 아니면 세부적인 내용까지 필요한가? 공부하고 싶은가, 아니면 그저 독서에서 즐거움과 휴식을 얻고 싶은가?

너무나 많은 사람들이 목적 없이 여행하는 것처럼 독서를 한다. 그들은 자신이 어디로 가고 싶은 지 모른 채 읽는다. 사람들은 자신이 읽는 자료에서 가치를 얻지 못하면, '내가 독서를 하는 목적은 무엇인가?' 하고 자문한다. 이때 항상 돌아오는 대답은 '어?'다. 목적이 없다면 독서는 수동적이고 종종 시간 낭비에 가깝다.

목적과 시간 관리는 서로 뗄 수 없다. 현 정보화 시대에서 더 이상 모든 문서를 같은 속도나 똑같은 이해 수준으로 읽을 수 있다고 생각해서는 안 된다. 읽을 자료의 양을 고려할 때 이는 불가능할 뿐만 아니라 바람직하지도 않다. 프랜시스 베이컨이 말했듯 어떤 자료는 자세히 읽을 가치가 있지만, 전혀 읽을 가치가 없는 것들도 있다.

당신은 창의적이고 원하는 대로 목적을 세울 수 있다는 점을 명심하라. 예를 들어 치과 대기실에서 독서 목적은 주의를 딴 데로 돌리는 것일 수 있다. 치료실에서 들리는 "윙" 소리를 내는 드릴 소리에 주의를 기울이지 않기 위해서와 같이 말이다. 이것도 괜찮은 독서 목적이고 독특한 경험을 제공한다.

독서를 할 때마다 목적을 정하라. 이 습관은 마음을 집중시키고 집중력을 높인다. 목적을 설정할 때 당신의 마인드는 온전한 힘을 발휘하게 된다.

또한 우리는 목적을 세움으로써 독서 습관에 가진 일종의 죄책감을 낮춘다. 많은 사람이 독서 습관에 대해 이야기할 때 자주 느끼는 죄책감이 있다. 우리는 '어떻게 읽어야 한다'는 엄격한 규칙에 각인돼 있다. 어떤 사람은 이렇게 말했다. "나는 그 지긋지

굿한 잡지를 샀어. 모든 기사를 다 읽고 싶지 않아도 그걸 무조건 다 읽어야만 한다고 느껴."

목적이 있으면 읽을 필요 없는 자료 제쳐두기를 정당화할 수 있다. 당신에게 가치를 제공하지 못하는 자료라면, 잡초를 제거하듯이 뽑아내라.

목적을 설정하는 데는 2초 정도밖에 걸리지 않지만 그 혜택은 크다. 평생 동안 수백 시간을 절약할 수 있다. 이 기술은 매우 광범위한 효과를 가지며, 당신의 독서 효과를 즉각적이고 영구적으로 변화시킬 수 있다.

2) 독서를 위한 이상적인 상태에 들어가기

내가 가장 효율적으로 읽을 때는 몸은 이완되고 마인드는 깨어 있는 각성된 상태일 때다. 편안하게 편안한 각성 상태를 유지할 때, 나는 읽은 내용을 더 잘 이해하고, 기억하고, 떠올릴 수 있다.

편안한 각성 상태를 빠르고 쉽게 만들기 위해 '귤 기법 tangerine technique'을 사용한다. 이 간단한 기법으로 당신은 주의를 집중하고 즉시 독서 성과를 향상시킬 수 있다.

연구에 따르면 독서와 기억에는 모두 주의력이 필요하다. 당신이 의식적으로 한 번에 주의를 집중할 수 있는 정도가 있다. 일곱 개에서 한두 가지 정도를 더하고 뺀 정도다. (이런 이유로 통신사에서 처음에 전화번호를 일곱 자리로 만들었다.) 다시 말해 당신은 일곱 가지 정도를 인식할 수 있는 주의력을 가졌다.

또 다른 연구는 주의 지점을 한 가지 특정 지점에 고정하면, 나머지 활용 가능한 주의력을 독서에 좀 더 효과적으로 집중할 수 있음을 시사한다. 당신이 주의를 기울이는 지점은 매우 중요하다. 예를 들어 운전할 때, 주의를 집중해야 할 최적의 지점은 어디일까? 당신이 운전하는 차의 앞 부분 보닛의 브랜드 로고나 앞차의 후면 범퍼가 아니다. 바로 앞 차의 후면보다는 좀 더 먼 도로를 주시해야 한다. 효율적인 독서를 위해 이상적인 주의 지점은 머리 바로 뒤에서 약간 위에 위치한다.

귤 기법은 이상적인 주의 지점을 찾아 유지하는 데 도움된다.  우리가 독서할 때 원하는 이완되고 편안하게 각성된 상태의 몸과 마인드를 즉시 만들어 준다. 진행 세부 단계는 아래와 같다.

글머리 기호 (•) 읽기

- 귤이 내 손 안에 있다고 상상하고 느끼듯이 쥐어보라. 귤의 무게, 색깔, 질감, 향기는 어떠한가? 이제 그것을 다른 손으로 던진다고 상상하라. 양 손으로 귤을 주고받으며 던진다고 상상하라.

- 당신이 주로 쓰는 손으로 귤을 잡고, 정수리에서부터 직선으로 뒤로 아주 조금 내려간 후두부 부근으로 가져가라. 손으로 그 부분을 부드럽게 살짝 터치해 보라. 팔을

내려놓으면서 그곳에 귤이 놓여 있는 것을 상상해 보라. 그리고 이때 어깨는 편안하게 긴장을 풀고 이완한다. 당신은 이 귤이 마법 귤이라고 상상할 수도 있다. 귤은 그곳에 계속 머물러 있을 것이다.

- 눈을 부드럽게 감으면서 귤이 머리 뒤쪽 부분에 잘 놓이도록 상상하라. 이때 당신의 신체적, 정신적 상태에서 어떤 변화가 일어나는지 주목하라. 편안하게 이완되면서도 각성된 듯한 상태를 느낄 것이다. 눈을 감은 채로 당신의 시야가 넓어지는 것을 상상해 보라.

- 이완되고 각성된 상태를 유지하면서 눈을 뜨고 독서를 시작하라.

방금 배운 귤 기법의 효과를 당신이 지금 바로 확인해 볼 수 있는 실험이 있다. 이 책에서 아직 읽지 않은 페이지 아무 곳을 선택하라. 귤 기법을 적용하지 말고 두세 단락을 읽어보라. 그 후 어떤 느낌으로 책을 읽었는지 독서 경험에 관해 잠시 생각해 보라. 그런 다음 위에서 설명한 귤 기법을 순서대로 적용해 읽지 않은 다른 두세 단락을 읽어보라. 그리고 어떤 차이가 있는지 두 경험을 비교해 보라.

실험 과정에서 당신은 스스로 새로운 방법을 시도하는 중이라는 사실 자체를 지나치게 의식할지도 모른다. 그럴 때는 효과를 발견하기 어려울 수 있다. 많은 사람은 시야가 넓어지고 눈의 움직임이 더 부드러워졌다고 전한다. 시선이 마치 음악의 스타카토와 같이 끊기거나 불안하게 흔들리는 느낌이 줄어든다고 한다. 단어가 묶인 구나 문장 전체가 한 번에 들어오는 능력이 향상된다고 한다. 당신은 읽었던 문장으로 다시 돌아가 반복해 읽지 않게 됐다는 걸 느낄 수 있다. 마음속으로 한 글자 한 글자씩 읽던 묵독도 잠잠해지는 걸 느낄 수 있다.

귤 기법을 활용하면 읽는 자료를 더 빠르고 편안하면서도 물 흐르듯이 읽을 수 있게 된다. 정보에 대한 집중력이 향상되고 독서가 더 편안해진다.

초반에는 귤을 머리에 두는 걸 의식적으로 할 것이다. 얼마 지나지 않아, 독서를 할 때마다 주의력이 한 곳에 자동으로 고정되는 걸 느낄 것이다.

신체적으로 이완되고 정신적으로 깨어 있는 각성된 상태는 다른 중요한 활동에도 적용할 수 있는 완벽한 상태다. 이 상태는 인간의 성과가 최고조에 달했을 때의 상태로 널리 연구됐다. 심사숙고, 명상, 기도할 때처럼 완전히 몰입해 현재 이 순간에 온전히 집중하는 상태와 유사하다.

이것은 이완된 상태지만 졸릴 것 같거나 나른한 상태와는

다르다. 오히려 내면의 평온함과 함께 정신과 마음을 집중할 수 있다. 당신이 가진 내면의 자원을 활용할 수 있다.

정리하기

글머리
기호(•)
읽기

다음 과정으로 당신은 30초 만에 포토리딩 1단계인 준비하기를 진행할 수 있다. 이 과정을 제대로 진행하기 위해 친구나 지인에게 아래 과정을 읽어 달라고 해도 좋다. 또는 당신 스스로가 아래 내용을 직접 녹음해 틀어놓고 진행해 볼 수도 있다.

- 읽을 자료를 여러분 앞에 놓으세요. 아직 읽지는 마세요.

- 눈을 감고 몸의 긴장을 풀면서 시작하겠습니다. 머리에서부터 발가락 끝에 이르기까지, 여러분의 몸을 상태를 느껴보시기 바랍니다. 허리는 곧게 펴고, 자세는 편안하게, 호흡은 여유롭고 편안하게 해주세요.

- 마음속으로 여러분의 독서 목적을 말해 주시기 바랍니다. (예를 들어, "나는 앞으로 10분 동안 시간 관리 능력 향상 아이디어를 얻기 위해 이 잡지 기사를 읽겠다."와 같이 해 주시면 됩니다.)

- 상상 속의 귤을 여러분 정수리에서 살짝 뒤쪽으로 내려온 아래 부분에 놓아주세요.

- 몸이 편안하게 이완되고 각성된 상태를 느껴주세요. 눈가와 입가에는 살짝 미소를 지으면서, 얼굴 근육을 이완시키세요. 눈을 감은 상태에서도 여러분의 시야가 열리는 것을 상상하실 수 있습니다. 여러분의 눈과 마인드는 직접 연결 되어있습니다.

- 이제, 여러분이 느끼기에 편안한 속도로, 편안한 각성 상태를 유지하면서 천천히 눈을 뜨고 독서를 시작해 주세요.

귤 기법 추가 설명

독서를 위한 이상적인 상태에 있는 사람들을 직장 생활 속에서 찾는 건 특히나 힘들다. 직장에서 자료, 보고서, 책 등을 읽어야 할 때 어떠한가? 전화벨이 울리고, 누군가는 말을 걸며, 곧 있을 회의에 참석하기 위해 정신없이 움직인다. 동시에 장보기, 자동차 수리 같은 잡다한 생각이 우리의 머릿속을 어지럽힌다. 이러한 정신적 혼란 속에서 우리의 집중력은 어디로 가는가? 사방으로 흩어지게 된다. 독서를 하는 것이 거의 불가능해진다.

반면 독서를 위한 이상적인 상태는 몰입 상태 flow state 로, 당신이 무언가 현재 하는 일에 완전히 몰두할 때와 같다. 몰입으로 들어가기 위해 귤 기법이 필요하다.

1980년대 중반에 나는 《브레인/마인드 불레틴 Brain/Mind Bulletin》

에서 독서 전문가인 론 데이비스 Ron Davis에 대한 흥미로운 기사를 읽었다. 데이비스는 난독증이 있었다. 이 문제를 해결하기 위해 탐구하는 과정에서 그는 중요한 발견을 했다.

난독증을 가진 사람은 주의 지점이 공중에서 계속 방황하듯이 돌면서, 고정된 지점에 도달하지 못한다고 했다. 반면 숙련된 독서가는 머리 꼭대기에서 뒤쪽으로 살짝 뜬 지점에 고정된 주의 지점이 있다고 한다.

데이비스는 주의력을 고정시키는 훈련으로 3년도 채 되지 않아 독서, 글쓰기, 철자법 실력을 초급 수준에서 대학교 수준으로 향상시켰다. 현재 데이비스는 학습 장애로 어려움을 겪는 사람들을 위한 개인 클리닉을 운영한다. 그의 훌륭한 책 《난독증의 재능 The Gift of Dyslexia》에서 그 방법을 자세히 설명한다. 그의 클리닉 세션은 '시각적 인식의 중심점 visuo-awareness epicenter'이라고 부르는 이상적인 주의 초점을 찾는 훈련으로 시작한다.

나는 그의 기법을 직접 시도해 봤고, 즉각적으로 집중력이 올라가고 독서를 위한 편안한 상태가 되는 걸 느꼈다. 이 기법이 난독증으로 어려움을 겪는 이들에게 효과가 있다면, 독서를 효율적으로 할 수 없던 일반 성인 독자에게는 어떤 효과가 있을까 궁금했다.

데이비스의 연구는 내가 창의적인 도약을 하는 데 도움을 주었다. 그의 '시각적 인식의 중심점' 효과를 달성하기 위해, 나는 귤 기법을 개발했다.

대부분의 사람들은 귤 기법을 실행하자마자 여러 가지 이점을 느낄 수 있다고 한다. 이 기법을 사용하면 즉시 편안한 각성 상태에 들어간다. 또한 마음을 가라앉히고 정신을 집중한다. 결과적으로 독서 기술이 즉시 향상된다.

귤 기법은 역사적으로 다양한 형태로 발전해 왔다. 중국의 생각 모자, 마법사의 모자, 심지어 '바보 모자'라고 불리는 '던스 캡_{Dunce cap}'의 본래 개념까지 포함돼 있다. 이와 같은 도구들은 당신의 주의를 머리 뒤쪽 위로 집중시키도록 돕는다.

만약 시각적으로 귤을 떠올리는 게 당신에게 맞지 않는다면 다른 방식으로 시도해 보라. 당신이 청각 자극을 선호한다면 두 손가락을 "딱" 하고 튕길 수 있다. 솜브레로[5] 모자를 쓰고 꼭대기에 새가 앉은 모습을 상상해 보는 것도 좋다. 당신이 쓴 솜브레로 모자 꼭대기에 앉은 새에 주의를 기울인다고 생각해 보라.

또 다른 방법으로, 자신이 몸 밖에서 머리 위쪽에서 바라보며 읽는다고 상상하는 것이다. 이렇게 할 때 당신이 느끼는 감정의 변화에 주목해 보라.

이러한 기술 중 하나를 적용해 주의를 집중한 상태로 눈을 뜨면 흥미로운 일이 발생한다. 갑자기 읽던 자료를 좀 더 쉽게 다

---

[5] 멕시코에서 기원한 챙이 넓은 모자를 가리킨다.

룰 수 있을 것처럼 보인다. 이 상태에서는 이전보다 훨씬 더 많은 시각 정보를 받아들일 준비가 된다.

마인드 상태를 조정하는 게 목표다. 당신은 독서를 하는 내내 귤을 떠올리려고 애쓰지 않아도 된다. 주의 집중은 아치에 쐐기돌을 놓는 것과 같다. 쐐기돌은 아치의 나머지 부분 전체를 지탱할 수 있게 한다.

마찬가지로 한 지점의 주의를 집중하면 다른 주의 지점을 모아 독서에 집중할 수 있다. 주의 집중점을 맞췄다면 이에 관해서는 잊어라. 출입구를 통과할 때 문을 뜯어서 옮기며 가지고 다닐 필요가 없다. 출입구를 통과했다면 잊어라. 이제는 그저 독서를 하라. 당신의 마인드가 나머지를 처리할 것이다.

이번 장에서 배운 것을 어떻게 사용할 수 있는지 생각해 보라.

글머리
기호 (•)
읽기

- **준비하기는 포토리딩 홀 마인드 시스템의 토대다.**

- **준비하기의 두 가지 요소는 목적 설정, 머리 뒤쪽에 고정된 집중 지점과 함께 이상적인 상태에 들어가기다.**

- **목적의식을 가진 독서에는 힘이 있다.**

- **귤 기법은 자동으로 이상적인 마음 상태로 이끄는 주의력 집중 방법이다.**

이제 이 책의 남은 장을 읽기 위해 귤 기법을 적용하는 시간을 잠시 가져보자. 명확한 목적을 가지고 이 책의 나머지 부분을 읽는 자신을 시각화해 보라. 당신의 주의 지점을 머리 바로 뒤, 그리고 그곳에서 조금 떠 있는 곳으로 이동하는 것을 상상해 보자. 이 과정에서 당신의 신체 상태 변화를 느껴보라. 읽을 때 당신은 더욱 이완되고, 중심을 잡고, 집중하고, 주의를 기울이고, 완전한 몰입감을 느낄 것이다. 이제 여러분은 학습할 준비를 마친 몰입 상태에 도달했다.

4장
2단계: 미리보기

글을 읽기 전에 그 글에 대해 더 많이 알수록, 읽고 이해하기가 더 쉬워진다.

우리는 이미 아는 내용만 읽을 수 있다. 인간의 두뇌는 익숙한 패턴만 이해할 수 있다. 미리보기는 이러한 패턴을 빠르게 발견하는 방법을 제공한다. 미리보기는 자료에 대한 이해도를 높여주며, 이 작업은 1분 이내로 완료할 수 있다. 미리보기는 세 단계로 진행된다.

1) 자료 훑어보기
2) 목적에 맞는지 가치 평가하기
3) 더 읽을지 말지 결정하기

1) 자료 훑어보기

집을 사려고 할 때, 나와 아내는 먼저 동네를 살펴봤다. 호숫가와 매수를 고려하는 집이 있는 구역 주변을 걸어서 돌아다녔다. 학교와 시내로 운전해 가봤다. 지도를 보고 가까운 공원들을 돌아봤다. 우리는 그 지역을 전반적으로 둘러봤다.

책을 본격적으로 읽기 전에 가장 먼저 해야 할 일은 책 전체의 구성이나 구조를 살펴보는 것이다. 저자는 보통 목차에서 책에서 다룰 내용을 알려준다.

당신은 이 단순한 전략만으로도 얼마나 많은 것을 얻을 수 있는지 놀랄 것이다. 어떨 때는 목차를 보는 것만으로 당신이 원하는 정보를 전부 파악할 수도 있다. 저자가 목차에 아이디어를 어떻게 배열했는지를 이해하는 것만으로도 말이다.

목차를 훑어보면 해당 텍스트가 어떤 내용인지, 어떤 내용이 나올지 예상할 수 있다. 당신은 목차를 보고 중요한 정보를 어디서 찾을지 알 수 있다.

예를 들어 '방법 how to'에 대한 내용을 다루는 책은 대부분 특정 순서로 수행해야 하는 여러 작업을 보여준다. '무엇 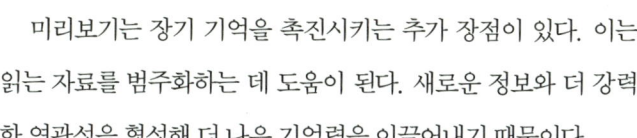에 관해 다루는 책은 문제를 제시하고 해결책을 제시한다. 보통 분량의 책은 1분 이내로 미리보기할 수 있다. 두꺼운 교재나 컴퓨터 매뉴얼의 경우 구조 이해를 위해 1분 정도를 추가로 활용할 수 있다.

종이든 디지털이든 자료가 기사나 보고서일 경우에는 다르게 접근해야 한다. 이들은 목차를 제공하지 않을 때가 많기 때문이다. 이럴 때는 제목, 부제, 볼드체, 첫 단락과 마지막 단락을 빠르게 살펴본다. 만약 특정 부분에 몰입한 자신을 발견하면, 지금은 본격적으로 읽는 게 목적이 아니라고 스스로 생각하라. 저자가 글을 쓴 구조 정도만 파악하면 된다. 이 단계는 가볍게 살펴보는 수준으로 유지하는 것이 좋다.

미리보기는 장기 기억을 촉진시키는 추가 장점이 있다. 이는 읽는 자료를 범주화하는 데 도움이 된다. 새로운 정보와 더 강력한 연관성을 형성해 더 나은 기억력을 이끌어내기 때문이다.

2) 목적에 맞는지 가치 평가하기

이전 장에서 제시한 내용을 잘 따라왔다면 책, 보고서, 기사를 읽기로 결정했을 때 읽는 목적을 정했을 것이다. 이제 잠시 멈추고 이 자료가 당신의 목적에 적합한지, 처음 설정한 목적에 맞는지 자문할 때다. 당신은 이 자료에 관해 더 많은 정보를 얻었다. 새로운 정보가 중요한 결정을 내리는 데 도움을 줄 것이다. 이 책이나 자료는 당신의 독서 목적에 맞는 정보를 담았는가? 이 자료를 읽는 것이 어떤 방식으로든 당신의 목적을 더 풍부하게 하거나 이롭게 할 수 있는가? 미리보기를 하면 이 자료가 당신의 필요를 충족하기에 충분한지, 아니면 다른 곳에서 정보를 찾아야 하는지를 판단할 수 있다.

인쇄물과 디지털에서 방대한 양의 정보가 매일같이 쏟아진다. 책, 기사, 보고서, 뉴스레터, 웹 페이지, 블로그, 포럼, 이메일 등 다양한 형태로 정보가 제공된다. 어떤 정보가 당신에게 유익할지 빠르게 파악하지 못하면, 목적에 맞지 않는 불필요한 독서를 하느라 시간을 허비할 수 있다.

3) 더 읽을지 말지 결정하기

이제 미리보기의 마지막 단계로, 결정을 내릴 시간이다. 해당 문서의 내용을 더 많이 추출하기 위해 더 읽을지 여부를 결정하라. 이 자료가 당신의 독서 목적을 충족하는지, 아니면 목적을 다시 세울지 생각해 보라. 80/20 법칙을 아는가? 이 책이나 기사가 당신의 '상위 20퍼센트'와 관련되는지 스스로에게 물어보라.

당신은 문서나 자료를 읽지 않기로 결정할 수도 있다. 이것은 정보 과부하 시대에 자신에게 할 수 있는 가장 친절한 일 중 하나다. 원하지 않거나 필요하지 않은 정보를 받아들이는 번거로움을 피하라. 당신은 문서 전반 내용을 대략적인 수준으로만 알기로 결정할 수도 있다. 나중에 더 구체적인 정보가 필요할 때 어디서 찾아야 할지 알게 될 것이다. 이는 백과사전 세트를 사용하는 것과 같다. 각 권의 모든 내용을 전부 다 읽을 필요는 없다. 단지 책장에서 필요한 내용을 찾아 꺼낼 수 있을 만큼만 알면 된다.

> ### 80/20 법칙
>
> 모든 항목을 가치 순서대로 정렬했을 때, 전체 가치의 80%는 항목의 단 20%에서 나온다. 나머지 80%의 항목은 전체 가치의 20%만을 담고 있다.

항상 미리보기

나는 포토리딩 단계에 들어가기 전에 미리보기를 권한다. 미리보기는 정말로 중요한 역할을 한다. 독서 전문가들이 '선행조직자 an advance organizer'[6] 라고 부르는 개념이기도 하다. 미리보기는

---

6 선행조직자 advance organizer 는 새로운 내용을 본격적으로 학습하기 전에 더 큰 틀에서 보게 하는 교수 전략으로 교육 심리학에서 다루는 개념이다. 선행조직자를 통해, 학습 효과가 증가하고, 학습 내용 이해도가 향상되며, 학습에 관한 동기를 부여할 수 있다. 포토리딩의 미리보기 단계에서는 1~2분 정도의 짧은 시간 동안 선행 조직자와 같은 작업을 수행한다.

다가오는 정보를 정리할 수 있도록 뇌가 범주를 식별하는 데 도움을 준다. 마치 미리 데이터를 분류할 파일 캐비닛을 준비하는 것과 같다. 당신이 능동적으로 정리한 모든 자료는 적절한 분류에 맞춰 보관된다. 이를 통해 문서를 더 쉽게 검색할 수 있는 것처럼 더 오래 기억할 수도 있다. 이것은 포토리딩 시스템에서 중요한 단계다.

어린이들도 미리보기를 배워야 한다. 미리보기는 효과적인 학습으로 이끈다. 미리보기는 포토리딩과 함께 들어오는 자료에서 독자가 가장 유익한 것을 얻게 해준다. 숙련된 포토리더는 글로 쓰인 자료가 자신의 목적에 맞는지 여부를 결정하는 데 1~2분 이상 걸리지 않는다.

요약

미리보기를 좀 더 꾸준히 수월하게 사용하기 위해 지금 잠시 체험 시간을 가져보자. 다음 주에 접할 읽기 자료의 종류를 상상해 보라. 다양한 종류의 자료를 미리보기하는 모습을 상상해 보라. 단 몇 분간의 미리보기가 이번 주에 몇 시간을 절약해 줄 수 있는지를 상상해 보라. 원하는 정보로 당신의 채널을 빠르게 맞추고, 쓸모없고 불필요한 독서를 하지 말라.

다음 장에서는 포토리딩 홀 마인드 시스템 전체 단계에서 가장 흥미로운 단계, 포토리딩에 관해 다룬다.

5장
3단계: 포토리딩

　포토리딩은 빛의 속도로 당신을 성공으로 이끈다. 바야흐로 정보 홍수 시대다. 혹시 정보의 홍수 속에서 일반 독서로 물에 빠져 허우적거리거나 속독 기법으로 간신히 생존하려고 노력 중인가? 이제 당신은 포토리딩과 함께 번창하고 성공할 수 있다. 이 장에서는 포토리딩 홀 마인드 시스템 중 가장 흥미로운 단계인 포토리딩을 사용하는 방법을 설명한다. 포토리딩을 제대로 익히고 싶다면 편안하게 즐기는 태도와 오픈 마인드를 가져야 한다.

포토리딩은 전의식 수준 preconscious level 에서 정보를 처리하는 두뇌의 자연적 능력에 의존한다. 마인드를 신뢰하고 마인드가 정보를 처리하도록 편하게 놔주어라. 그러면 포토리딩으로 학습에 대한 진정한 잠재력을 발견할 수 있다.

　포토리딩을 하면서 당신은 텍스트를 정신적으로 사진을 찍는 것처럼 두뇌에 텍스트 패턴을 노출시킨다. 이것은 열심히 애를 쓰며 노력해야 하는 기술이 아니다. 의식 마인드가 더 잘 수행하기 위해 무언가를 새롭게 알아야 하는 것도 아니다. 연습하고 완벽하게 만들려고 노력하는 것은 오히려 역효과를 낼 수 있다. 그저 방법을 사용하고 결과를 탐구하라.

　지금부터 포토리딩 과정의 각 단계를 수행하는 방법을 배울 것이다. 이를 배운 후, 이 책을 포토리딩하며 놀아보기 바란다.

1) 포토리딩 준비하기

　포토리딩 준비하기에서는 몇 가지 결정을 내린다. 포토리딩하고 싶은 것은 무엇인가? 독서 자료를 앞에 두고 그것을 포토리딩하는 데 몇 분을 할애할 것인지 자문해 보라.

　이 자료를 포토리딩하는 데 왜 시간을 쓰고 싶은가? 이 자료에서 무엇을 얻길 원하는지 명확히 진술하라. 목적 정하기는 이후에 좀 더 명확하게 반복될 것이다. 목적은 필수다.

포토리딩을 진행하는 경험에 주의를 집중하고, 외부의 방해 요인을 내려놓으라. 열린 자세로, 몸을 편안하게 하고, 자세를 곧게 하며, 이완된 상태로, 가속학습 상태^{accelerative learning state}에 들어갈 준비를 하라.

2) 마인드 리소스 레벨로 들어가기

포토리딩 홀 마인드 시스템의 앞부분에서, 당신은 미리보기를 하기 전에 편안한 각성 상태에 들어갔다. 이 단계에서는 그보다 좀 더 깊은 수준을 경험하는 걸 목표로 하라. 이는 편안한 각성 상태와 비슷하지만 우리의 두뇌는 좀 더 수용적이 된다. 마인드의 확장된 능력을 위해 좀 더 준비된 상태에 접근할 수 있다. 이 상태를 마인드 리소스 레벨^{resource level of mind}이라 부른다.

다음은 마인드 리소스 레벨에 들어가는 절차다. 처음에는 이 절차를 완료하는 데 몇 분이 걸릴 수 있다. 시간이 지나면 숨을 한 번 깊이 마시고 부드럽게 내쉬는 날숨 한 번으로 원하는 상태에 도달할 수 있을 것이다.

- **당신 자신을 편안한 상태로 만든다. 이 기술을 처음 배울 때는 누워서 진행해도 좋다. 이후에는 의자에 편안하게 기대앉는다.**

- 숨을 깊이 들이마신다. 숨을 내쉰 후 눈을 감는다.

- 완전한 신체적 이완을 경험한다. 숨을 깊이 한 번 들이마시고 잠시 숨을 멈춘다. 천천히 숨을 내쉬면서 '3'이라는 숫자를 생각하고 마음속으로 '릴랙스(Relax)[7]'라는 단어를 반복한다. 숫자 3을 생각하는 것은 당신의 몸을 이완하기 위한 신호다. 그리고 머리에서부터 발끝까지 몸의 주요 근육을 점차적으로 이완한다. 이완 에너지가 몸 전체로 흐른다고 상상한다. 몸이 긴장된 상태에서 벗어나 기분 좋은 편안한 느낌이 올 때까지 근육을 편안하게 이완하라.

- 이제 당신의 마인드를 고요하게 만든다. 숨을 깊이 들이마시고 잠시 멈춘다. 천천히 숨을 내쉰다. '2'라는 숫자를 생각하고 마음속으로 '릴랙스'라는 단어를 반복한다. 숫자 2는 당신의 정신적을 이완하기 위한 신호다. 과거나 미래에 대한 생각을 놓아준다. 이 순간에 당신의 인식을 집중한다. 숨을 내쉬면서 긴장, 불안, 염려, 문제가 떠내려가게 한다. 숨을 들이마시면서 평온하고 고요한 느낌이

---

[7] 영어 단어 'Relax'는 우리말의 '편안'보다 좀 더 포괄적인 의미를 갖는다. 기본적으로 신체뿐만 아니라 정신, 마음적인 부분도 편안한 것을 의미한다. 엄격한 법칙에서 법을 완화할 때 이 단어를 쓰기도 하며, 주의력이나 집중하는 상태를 조금 더 부드럽게 푸는 것도 의미한다. (메리엄-웹스터 영영 사전 참고) 따라서 "몸, 마음, 생각, 정신이 편안해지고, 내 상태가 부드러워지고, 내가 가진 것들이 이완된다"라는 문장을 읊기보다는 이 모든 내용을 담은 영어 단어 '릴랙스'를 그대로 쓰기를 추천한다.

당신의 모든 부분으로 흘러 들어가게 한다.

- 다시 한번 숨을 깊은 들이마시고 잠시 멈춘다. 숨을 천천히 내쉬면서 마음속으로 '1'이라고 말하는 소리를 듣는다. 이렇게 진행하면서 마음속으로 아름다운 꽃을 그린다. 이는 당신이 인식에 집중하고 리소스 레벨에 들어갔음을 알려준다. 확장된 창의성과 학습 능력 상태에 도달했다.

아름답고 조용한 장소에 있는 자신을 상상한다. 그곳에서 경험하는 광경, 소리, 느낌을 인식해 본다. 잠시 동안 그 공간에서 편안하게 쉰다.

다음 단계로 넘어가기 전에, 남아 있는 긴장이나 방해 요소를 놔주라고 자신에게 부드럽게 한 번 더 알려준다. 포토리딩할 때 지금 느끼는 신체적, 정신적 이완 상태를 유지하라고 자신에게 상기시킨다.

리소스 레벨 진입 과정에서 당신은 비의식 마인드의 리소스

> 뇌의 상태는 주관적 경험과 뇌파검사 EEG의 주파수 측정으로 특징지어진다. (Hz는 헤르츠 또는 초당 주기를 의미한다.)
> - 깨어있는 상태 = 12~23 Hz, 베타파
> - 편안한 각성 상태, 학습에 최적 = 8~12 Hz, 알파파
> - 깊은 이완 상태, 내면의 이미지와 창의성과 관련 = 4~8 Hz, 세타파

접촉을 확립할 수 있다. 이러한 신체적·정신적 상태에 들어가면, 당신은 자신의 긍정적인 아이디어에 더 잘 반응하게 된다. 이렇게 고도로 조율된 상태에 있는 동안, 당신은 장기 기억의 더 깊은 '데이터 베이스data base'에 접근하게 된다.

편안한 상태로 들어가기, 명상, 묵상에 관한 다양한 수업, 책, CD, 파일이나 자료로 이상적인 학습 상태에 들어가는 기술을 익히는 데 도움을 얻을 수 있다. LSC의 패럴리미널Paraliminal 8 관련 자료는 포토리딩 세미나에서 사용되는 것과 유사한 이완 기법으로 안내한다.

3) 사전 확언하기: 집중, 영향, 목적

생각은 학습에 있어 양날의 검이다. 학습을 돕기도 하지만 학습에 방해되기도 한다. 긍정적인 생각은 학습을 돕지만, 부정적인 생각은 학습을 둔화시키거나 방해한다.

글머리
기호 (•)
읽기

마인드에 긍정적인 생각을 두면 기술을 개발하고 원하는 결과를 얻는 데 도움이 된다. 긍정적인 생각을 세팅하는 방법 중

---

8   LSC에서 개발한 오디오 학습 기술이다. 'para-'(옆의, 주변의)와 'liminal'(의식의 경계에 있는)의 합성어. 이 기술은 의식과 비의식을 동시에 자극해 개인이 더 효과적으로 학습하고 잠재력을 발휘할 수 있도록 돕는다. LSC 공인 지도자의 세미나 참석자에게는 포토리딩 패럴리미널 영문 파일이 제공된다.

하나는 확언affirmation이다. 확언은 포토리딩한 자료를 내면 마인드로 향하게 하는 데 도움을 준다. 포토리딩에 가장 유용한 확언은 다음 내용을 포함한다.

- **"포토리딩할 때, 나는 완전히 집중한다."**

- **"포토리딩할 모든 정보는 내면 마인드에 깊은 인상을 남기고, 나는 언제든지 이것을 사용할 수 있다."**

- **"나는 이 책(여기에서 책 제목을 말한다)에서, (여기에서 목적을 말한다)라는 목적 달성을 위한 정보를 원한다."**

확언은 목표를 명확히 설정함으로써 두뇌에 방향을 제시한다. 확언 과정은 또한 의식 마인드에서 오는 한계를 우회시킨다. 내면에서 올라오는 부정적인 말을 다른 방향으로 돌리며 성공 가능성을 열어준다.

당신의 목표나 목적은 달성할 수 있는 것이어야 한다. 가령 "포토리딩할 모든 것을 사진기억photographic recall 방식으로, 하나하나 전부 다 기억하고 싶다."는 잘못 설정한 목표다. 이것은 포토리딩 단계의 목적이 아니다. 모든 것을 완벽하게 기억하는 것은 합리적이지 않다. 잘못 설정한 목표는 커다란 좌절과 수행 실패로 이어질 수 있다.

잘 설정한 목표의 예는 다음과 같다. "나는 이 자료의 내용을 완전히 흡수하고, 내 삶에서 테크닉과 개념 적용을 더 빠르게 하고 싶다." 이 목표를 달성하는 것은 당신의 통제하에 있다. 그리고 당신을 더 편안하게 하며 더 큰 성공으로 이끈다.

4) 포토포커스 상태로 들어가기

포토포커스 PhotoFocus는 시각 정보를 직접 비의식 마인드로 입력하는 상태다. 이 단계에서 당신은 일반적인 독서를 할 때와는 다른 시각 시스템을 사용하는 법을 배운다. 단어 하나하나에 집중해 초점을 맞추는 대신, 전체 페이지를 한 번에 보기 위해 '부드럽게 보기 soft gaze'를 배울 것이다.

포토리딩을 처음 개발했을 때, 나는 글자에 초점을 맞추면 의식 마인드를 통해 정보를 전달한다는 것을 알았다. 포토리딩을 위해서는 전의식 처리 장치를 통해 두뇌로 정보를 보내야 했

> 포토포커스로 눈과 마음의 연결을 강화한다. 이는 단순히 눈앞에 놓인 페이지에서 의미를 따라가기 보다는 눈 너머 좀 더 깊은 곳에 있는 우리의 마인드를 활용해 읽는 방식으로 생각을 전환시킨다.

다. 이때 내가 생각한 것은 '힘들게 집중해서 초점을 맞추지 않고 무언가를 볼 수 있는 방법이 있을까?'였다.

눈의 초점을 그저 흐리게 하는 것은 답이 아니었다. 이 방식은 그저 나를 멍하고 무기력하게 만들었다. 신체적, 정신적 명료함이 시각적 명료함과 연결된 것처럼, 초점이 흐려지자 편안한 각성의 느낌이 사라졌다.

어느 오후, 나는 이 역설에 대해 고민했다. 나는 베티 에드워즈 Betty Edwards라는 미술 교사에 관한 기사를 읽었다. 그녀의 책 《오른쪽 두뇌로 그림그리기 Drawing on the Right Side of the Brain》에서 그녀는 "내 엄지손가락을 그리고 싶다면, 내 엄지손가락을 그리지 마세요."라고 말했다. 왜냐하면 그렇게 하면 뇌에서 분석적이고 비예술적인 좌뇌를 사용하게 될 것이기 때문이다. 그녀는 "내 엄지손가락을 그리려면, 엄지손가락 주변의 공간을 그리세요."라고 말했다. 이 전략은 뇌에서 창의적인 우뇌를 사용한다.

그녀의 조언에 따라 나는 책을 펴고 두 페이지를 한 번에 보기 시작했다. 나는 단어 하나하나를 보지 않고 좀 더 확장된 시야로 페이지에 보이는 흰 여백까지 한 번에 봤다. 갑자기 페이지가 명확성과 깊이를 가지고, 거의 3차원으로 보이기 시작했다. 페이지 중앙이 좁고 둥글게 튀어나온 것처럼 보였다.

이는 내가 어린 시절에 겪었던 경험들을 떠올리게 했다. 앉아서 기다려야 할 때면 내 마음은 방황하는 경향이 있었다. 가끔

타일 바닥이 있는 방에 앉아있을 때면 바닥이 마치 3차원 격자처럼 보였다. 마치 약 15cm 깊이로 두 층의 선들이 있는 것처럼 보였다. 그리고 그것을 의도적으로 보려고 하면 사라졌다. 이 효과는 마치 내가 멀리 보는 것처럼 편안하고 먼 시선을 유지할 때만 지속됐다.

이 독특한 시야 상태에 관해 생각해 본 게 포토포커스의 시작이었다. 그 이후 수년 동안, 나는 포토포커스와 제한적인 의식 마인드가 아닌 두뇌 전체로 보는 고대 전통과의 연결성을 발견했다.

> 부드럽게 보기는 완전히 새로운 것이 아니다. 중국 도교의 문헌에서는 '모든 것을 보는 시선 all-seeing gaze'으로 언급한다. 또한 멕시코 샤먼인 돈 후안에 관한 시리즈의 저자인 카를로스 카스타네다 Carlos Casteneda도 같은 개념을 다뤘다.

포토포커스의 핵심은 '부드럽게 보기 seeing with soft eyes'라고 명명한 새로운 방식을 사용하는 것이다. 이는 단어 하나, 구절 하나, 문장 한 줄을 선명하고 명확하게 보는 방식과 다르다. 포토포커스를 사용하면 당신은 주변 시야를 열고 전체 페이지를 마인드로 촬영해 입력할 준비를 한다. 이렇게 함으로써 당신은 전의식 수준에서 시각 정보를 처리하고, 두뇌의 비의식적 기억 저장 시스템으로 직접 공급한다.

부드럽게 보기에 대한 명확한 설명은 15세기의 전설적인 검객이자 《오륜서 The Book of Five Rings》의 저자인 미야모토 무사시

Miyamoto Musashi의 책에 나온다. 무사시는 두 가지 유형의 시야에 대해 말한다. 하나는 그가 '견(見)'이라고 부르는 것으로, 표면에 드러나는 외관과 외부 움직임을 관찰하는 것이다. 이와 대조적으로, '관(觀)'은 사물의 본질을 보는 것이다. 무사시는 관의 주변 시야를 사용하면 전사는 적을 발견하고 곧 닥칠 공격을 사전에 감지할 수 있다고 했다. 포토리딩으로 우리가 누군가를 공격할 건 아니지만, 포토리딩으로 우리는 관의 다른 이점들을 사용할 수 있다. 그것은 바로 고요함, 평온함, 집중, 창의성, 직관, 시야를 넓히는 능력이다.

관 또는 우리가 포토포커스라 부르는 데 숨겨진 생리학적 요소는 대단히 흥미롭다. 우리 눈의 망막은 두 영역으로 나뉜다. 하나는 원뿔세포 cones라고 불리는 세포들이 밀집된 와 fovea다. 이 세포들은 이미지 초점을 강하게 조정해 상을 보여준다. 각 원뿔세포는 두뇌로 연결되는 단일 신경을 가졌다. 와로 들어오는 정보는 의식 마인드에 따라 처리된다.

망막의 두 번째 영역인 주변부 periphery of the retina 로 이동하면, 우리는 간상세포 rods라고 불리는 다른 세포들을 발견한다. 수백 개의 간상세포가 같은 신경에 연결돼 있지만, 이 세포들은 극도로 민감하다. 이 세포는 약 16킬로미터 정도 떨어진 곳의 단일 촛불빛을 감지할 수 있다. 포토포커스 상태에 있을 때 우리는 간상시야를 원추 시야보다 훨씬 더 많이 사용한다. 우리의 주변 시야는 비의식적으로 처리된다.

포토포커스를 사용하면 의식 마인드의 간섭을 줄인다. 여기서 말하는 간섭에는 정보를 필터링하는 '지각방어 perceptual defenses[9]'가 포함된다. 이 간섭을 줄이면 당신은 두뇌의 확장된 처리 능력을 더 많이 활용할 수 있다.

이러한 간섭은 터널 비전이라 불리는 우리가 흔히 겪는 현상을 만들어낸다. 예를 들어, 주방에서 무언가를 찾을 때 우리는 이런 일을 종종 겪는다. 찾는 물건이 서랍 안에 있을 거라고 예상한다. 그래서 실제로는 찾는 물건이 바로 놓여있지만 보이지 않는다. 포토포커스는 당신의 두뇌를 열어 필요한 정보를 더 많이 인식하도록 훈련시킨다.

포토포커스 상태에 들어가기 위한 준비로, 다음 연습을 편안하게 즐기면서 한번 시도해 보기 바란다. 목표는 '소시지 보기 효과 cocktail weenie effect[10]'라고 명명한 현상을 경험하는 것이다.

소시지 보기를 하려면, 벽면 한 곳을 찾아라. 그 지점을 계속 보면서 당신의 손을 눈 앞쪽으로 약 45cm 거리에 놓아라. 그런 다음 양손의 검지 손가락 끝을 서로 맞대라.

---

9 지각방어는 정보나 자극을 의식 또는 무의식적으로 차단하거나 왜곡하는 심리적 메커니즘을 의미한다.

10 미니 비엔나 소시지라고 생각하면 된다.

검지 손가락 바로 위쪽 지점을 응시하면서, 검지 손가락이 어떻게 되는지 주목하라. 눈을 편안히 유지하고 어떤 것에도 선명하게 초점을 맞추려고 하지 마라.

다음 그림과 같이 마치 가운데에 세 번째 손가락처럼 보이는 잔상 같은 것을 볼 수 있을 것이다.

유령같이 나타난 손가락은 마치 작은 소시지처럼 보인다.

이렇게 보는 건 어린아이들의 놀이같아 보일 수 있다. 하지만 실제로는 당신의 시야에 중요한 변화를 주는 신호다. 소시지가 보이는 건 시야를 고정된 초점에 수렴해 맞추는 대신 분산시켰음을 알려준다. 이렇게 하면 당신의 시야는 부드러워지고 주변부를 좀 더 잘 인식할 수 있다. 당신은 손가락을 직접 보지 않을 때만 소시지를 볼 수 있다는 게 신기할 것이다. 나는 당신에게 손가락을 보지 말고 손가락을 보라고 요청하는 중이다. 그것은 선사 Zen Master가 말할 법한 것처럼 들릴지도 모르겠다.

당신은 이러한 시야 효과를 책 페이지에 적용할 수 있다. 이것을 경험하려면 책을 펼친 상태에서 책의 윗부분에 편안하게 시선을 고정하라. 벽을 응시하면서 책의 네 가장자리와 단락 사이의 흰 공간에 주목해 보라. 시선이 분산됐기 때문에, 왼쪽 페이지와 오른쪽 페이지를 나누는 경계선이 두 개로 보일 것이다. 그리고 이 선 사이에 작은 둥근 띠 모양의 유령 페이지(소시지 효과와 같은 페이지)가 나타나기 시작하는 것을 알아차려 보라. 나는 그 페이지를 '블립 페이지blip page[11]'라고 부른다.

마치 엑스레이 비전이 있는 것처럼 책의 중앙을 통과해서 볼 수 있도록, 책 상단에서부터 시선을 아래로 움직여 보라. 분산된

---

11 'Blip'은 짧고 순간적인 신호, 깜빡임, 일시적인 현상을 의미한다. 포토리딩에서는 이 개념을 확장해 포토포커스 상태를 인식하는 것에 비유해 사용한다.

시야를 유지하면서 여전히 블립 페이지가 보이는가?

포토포커스를 배우는 초기 단계에서 많은 사람들은 책과 책 안의 글자에 초점을 맞추려고 한다. 이렇게 하면 가운데 경계선이 보여 한 줄이 되면서 블립 현상이 사라진다. 이것은 오랫동안 굳어진 보는 습관 때문이다. 이미 형성된 습관에 저항하려고 하지 마라. 그저 편안하게 놀이를 하듯 진행하라. 지금 잘 안 되면 그저 나중에 다시 시도해 보면 된다.

포토포커스 상태에 있을 때, 페이지의 내용은 아마도 흐릿하게 보일 것이다. 그래도 괜찮다. 블립을 보기 위해서는 초점면을 어느 정도 멀리 둬야 하기 때문이다. 가까운 곳에서 선명하게 보려면[12] 눈을 이완하고 초점면이 안쪽으로 움직이게 해야 한다.

포토포커스를 발전시키면 페이지의 단어들이 특별한 선명함과 깊이를 갖게 된다. 단어들을 직접 보는 것이 아니라 초점이 맞춰져 있지는 않다. 하지만 더 이완할수록 글자에서 느낄 수 있는 특별한 선명함이 생긴다.

블립 페이지를 보는 또 다른 방법이 있다. 책상에서 평소보다 조금만 더 떨어져 앉아라. 책을 펼쳐서 손에 들고 책상의 가장자리 끝 부근에 둔다. 이 상태에서 책의 아래 모서리 부분을 넘어 바닥 부분에 놓인 당신의 발을 한 번 보라. 그리고 천천히 책

---

[12] 일반적으로 책을 읽는 상태라고 보면 된다.

을 당신의 시야가 향한 지점으로 움직여 발을 보는 시선을 거의 가릴 정도로 하라. 시야에서 책을 인지하면, 아마도 책을 나누는 경계선이 두 개로 보인다는 걸 알게 될 것이다. 두 경계선 사이에 무언가가 나타난다. 그것이 블립 페이지다.

당신의 시선이 책의 중앙을 보면서도 경계선이 두 개로 보일 때까지 자신을 책 쪽으로(그리고 책을 당신 쪽으로) 더 이동시켜 보라. 할 수 있는가? 잘 안 된다고 해도 너무 걱정하지 마라. 우리는 오랜 시간 습관적으로 페이지에 초점을 맞추며 살아왔기 때문에 포토포커스로 보는 첫 시도는 어려울 수 있다. 물론 포토포커스로 보는 것을 쉽게 하는 사람도 있을 것이다.

블립 페이지가 보이지 않는가? 괜찮다! 블립 페이지가 보이지 않더라도 능숙한 포토리더가 될 수 있다. 포토포커스의 목표는 의식적 처리를 최소화하고 전의식 처리를 최대화하는 것임을 기억하라. 블립 페이지가 보이는 건 분산된 시선을 적용한다는 신호이며, 이는 의식적 처리를 막는 방법 중 하나다. 하지만 다른 방법도 있다.

책을 펼치고 가운데 중앙에 경계선을 보면서 책의 네 모서리를 모두 볼 수 있도록 시야를 확장하라. 가운데 줄에 초점을 너무 강하게 두지 않도록 시선을 부드럽게 하라. 단락 사이의 빈 여백과 흰 공간에 주목하라. 책의 네 모서리를 연결하는 'X'자 선을 그린다고 상상하라. (한 쪽 눈에만 시력이 있다면 이 기술을 사용하라.)

포토포커스가 보이는지 테스트해 볼 때, 편하게 하라. 애를 쓰는 건 오히려 도움되지 않는다. 편안한 상태를 유지하면서 어떤 경험을 하는지 살펴보는 것이 성공으로 가는 지름길이다. 2~3분 정도 시야각을 조정하는 연습을 편안하게 진행한 후 눈을 감고 몇 분 동안 쉬어라. 그러고서 다시 한번 노는 것처럼 편안하고 가볍게 시도해 보라.

이 같은 활동 대다수는 시각 시스템을 강화하고 균형을 잡는 데 도움을 준다. 이런 방법은 이완을 기반으로 하기 때문에, 눈을 쉬면서 진행하라.

이 활동의 주된 목적은 환각을 일으키는 게 아니라 시선을 분산하는 방법을 배우는 것이다. '부드럽게 보기'를 하면서 포토포커스를 유지하는 것에는 시간이 걸릴 수 있으니, 너무 조급해하지 말고 인내심을 가져라.

 포토리딩을 위한 이상적인 자세는 의자에 똑바로 앉아 책을 테이블에 45도 각도로 (눈에 90도) 세워두는 것이다. 턱을 살짝 당기면 척추가 곧게 펴져 두뇌와의 에너지 흐름이 더 좋아진다. 당신의 시선은 책
의 중앙을 통과할 것이지만, 처음에는 블립을 보기 위해 상단을

넘어 보는 것도 괜찮다. 처음에 블립 페이지를 유지할 수 없다면, 분산에 힘쓰는 대신 단순히 책의 네 모서리와 'X'가 인지되는지 살펴보라.

5) 페이지를 넘기면서 안정된 상태 유지하기

당신의 리소스 레벨과 포토포커스 상태가 처음에는 불안정할 수 있다. 자기 비판적인 생각들이 당신의 주의를 방해할 수 있다. 그리고 페이지 내용에 있는 글자에 강하게 초점을 맞추고 싶은 유혹을 느낄 수 있다. 이런 상황이 발생하면 지금 당신의 목적은 학습을 위한 이상적인 상태를 유지하는 것임을 상기하라. 머리 뒤에 상상의 귤을 놓고(3장 참조) 블립 페이지를 다시 알아차려라.

포토리딩하는 동안 상태를 유지하기 위해 두 가지 추가적 요소를 활용할 수 있다. 첫째, 호흡을 깊고 고르게 유지하라. 둘째, 페이지를 넘기는 리듬에 맞춰 챈트chant 하라. 이런 행동으로 당신은 의식 마인드를 점유해 산만하게 하는 방해에서 자유로워진다. 비의식 마인드로 계속해서 포토리딩을 할 수 있다. 내면의 상태를 긍정적으로 유지하는 데 챈트는 특히 중요하다. 이는 당신의 마음을 집중시키고 그 외 생길 수 있는 부정적인 생각을 차단하기 때문이다.

안정된 상태를 유지하면 편안하게 효과적으로 포토리딩을 할 수 있다. 챈트로 진행하는 안정된 리듬으로 페이지를 마인드로 찍는 동안 두뇌를 편안하고 열린 상태로 유지한다.

포토리딩하는 동안 마인드 리소스 레벨을 유지하는 방법은 다음과 같다.

글머리
기호 (•)
읽기

- **열린 자세를 유지하라. 다리를 꼬지 말고 발을 바닥에 두라.**

- **호흡을 깊고 고르게 유지하라.**

- **책의 페이지를 일정한 리듬에 맞춰 넘겨라. 책의 양 페이지를 1~2초에 보면서 넘겨라. 두 페이지를 '부드럽게 보기'로**

- 보라. 당신의 시선은 책의 중앙을 통과하며 블립 페이지를 인지한다. 블립이 보이지 않으면 책의 네 모서리, 페이지의 흰 공간, 네 모서리를 연결하는 가상의 'X'를 인식하라.

- 페이지를 넘기는 리듬에 맞춰 챈트하라. 다음 챈트의 각 음절마다 한 번씩 페이지를 넘기면서 마음속으로 반복해 말하라.

    릴-랙스…릴-랙스…
    4 - 3 - 2 - 1…
    릴-랙스…릴-랙스…
    이 상태를 - 유지한다… 페이지를 - 본다…

- 책장을 넘기다가 페이지를 놓치는 것을 걱정하지 마라. 그냥 넘어가라. 언제든 그 부분으로 돌아와 다시 볼 수 있다.

- 페이지를 넘기는 리듬에 맞춰 계속해서 챈트하라. 당신의 의식 마인드가 챈트를 따라가게 하라.

- 산만한 생각은 내려놓고, 의식 마인드를 부드럽게 현재 하는 활동으로 되돌림으로써 놓아버려라.

6) 숙달감을 가지고 포토리딩 단계 마무리하기

의식 마인드로 바라보면 포토리딩으로 무엇을 얻었는지 자연스럽게 의문을 제기하기도 한다. 누군가에게 3분 만에 책을 포토리딩했다고 말하면, 아마도 "그 책 내용에 관해 말할 수 있어요?" 같은 질문을 받을 것이다. 코미디언 우디 앨런은 속독에 대해 농담했다. "방금《전쟁과 평화》를 읽었어요. 러시아에 관한 거예요."

위 농담과 같이 포토리딩하는 동안에는 '의식 수준'에서 정보를 얻은 게 거의 또는 전혀 없을 수 있다. 의식 수준의 관점에서 보면 맞는 이야기다. 하지만 불행하게도 이처럼 생각하는 건 더 깊은 비의식 수준에서 아무것도 얻지 못했다는 걸 암시하기도 한다. 이 같은 암시는 부정적인 자기 성취적 예언이 된다. '나는 아무것도 기억하지 못할 거야.' 또는 '이런 게 가능할 리가 없어.' 같은 생각은 당신의 두뇌에 '포토리딩으로 얻은 것을 잊어버려라.'는 명령처럼 작용한다. 자신에게 계속해서 부정적인 관점으로 이야기하면 부정적인 생각이 현실로 나타날 것이다.

포토리딩은 정보를 당신 두뇌의 신경 네트워크^{neural networks}에 직접 다운로드하는 작업이다. 그리고 정보를 다운로드함과 동시에 그 즉시 의식적 인식의 임계값 아래에서 자발적으로 정보를 처리하기 시작한다. 포토리딩한 정보가 두뇌에 확실히 접근할 수 있게 하기 위해, 생각과 마음을 공고히 하고 활성화를 위한 준비를 하면서 포토리딩 단계를 마무리하라. 이제 당신의 마인드가 정보를 통합하고 향후 사용할 수 있도록 요청할 때다.

당신은 확언을 사용해 이 정보를 어떻게 처리할지 뇌에 지시한다. LSC 공인 지도자의 포토리딩 세미나에서 사용하는 확언에는 아래 내용이 포함된다.

- "나는 이 책을 통해 얻은 감정, 느낌, 감각을 받아들인다. 그리고..."
- "나는 이 정보를 내 몸과 마인드가 처리할 수 있도록 놓아준다."
- "나는 얼마나 다양한 방식으로 내 몸과 마인드가 이 정보를 활용하는 걸 보여줄지 궁금하다."

포토리딩한 자료에 대한 반응은 당신 안에서 일어난다. 위와 같은 확언은 당신의 비의식 마인드를 초대해 돕는다. 포토리딩한 정보가 다양한 방식으로 활용되는 걸 의식 영역에서 인식하는 일은 흥미롭다.

원한다면 당신의 의식 마인드와 더 깊은 내면의 마인드 사이에 정보가 흐르는 다리가 있다고 상상해 볼 수도 있다. 더 놓아주고 편안하게 느낄수록, 당신의 의식적 인식으로 흘러 들어오는 것을 더 쉽게 알아차릴 수 있다.

기본적인 포토리딩의 여섯 단계 순서와 구성은 어렵지 않다. 하지만 쉬워 보인다고 가볍게 봐서는 안 된다. 포토리딩 단계는 당신에게 깊은 영향을 줄 것이다.

취침 전에 포토리딩하기

당신은 포토리딩이라는 강력한 방식으로 정보를 당신의 신경계에 주입한다. 이것은 마치 소방 호스로 물을 마시는 것과 같다. 열린 마음을 갖고, 포토리딩한 내용이 비의식적 수준에서 소화되고 흡수되게 하라. 이를 위해서는 편안한 상태에서 놓아주어라.

우리의 마인드는 의식적 인식 수준보다 더 깊은 곳에서 받아들인 정보를 수면 중에 검토한다. 1900년대 초기로 거슬러 올라가 관련 연구를 살펴보면, 이렇게 얻은 정보가 꿈에 상당한 영향을 미칠 수 있다고 한다. 이런 일을 경험할 수 있기 때문에, 취침 전에는 감정적으로 부드럽고 편안한 느낌이나 주제를 다룬 책들을 포토리딩하는 것이 좋다.

지금까지 포토리딩 과정의 여섯 단계에 대해 배웠다. 순서대로 나열하면 이렇다.

번호 읽기

1) 포토리딩 준비하기
2) 리소스 레벨로 들어가기
3) 집중력, 영향, 목적에 관해 확언하기
4) 포토포커스 상태로 들어가기
5) 페이지를 넘기면서 안정적인 상태 유지하기
6) 숙달감을 가지고 과정 마무리하기

아직 시도하지 않았다면, 몇 분 동안 이 책을 포토리딩하거나 오늘 밤 잠들기 전에 긍정적이고 행복감을 주는 책을 한번 포토리딩해 보라.

준비하기, 미리보기, 포토리딩을 진행하면 6장에서 배울 다시보기 과정에서 당신이 원하는 지식을 의식적으로 인식할 준비를 완료하게 된다.

포토리딩 스토리 3

한 공인회계사는 벤처 캐피털 모금에 관한 비즈니스 전문가 패널에 참석해 달라는 요청을 받았다. 그녀는 바쁜 일정 속에서 준비할 시간이 거의 없었다. 오후에 잠깐 준비할 시간이 생겨서 몇 권의 책을 골라 포토리딩과 활성화를 진행했다. 그녀는 마치 며칠 동안 독서와 글쓰기를 하며 준비한 것 같은 느낌을 받았다. 정보를 간결하게 잘 전달했고 긍정적인 반응을 얻었다.

포토리딩 프로그램에 참여한 한 학생은 기쁨에 차 감사 인사를 전했다. "포토리딩 홀 마인드 시스템을 배우게 돼 정말 영광입니다." 그녀는 이 테크닉을 평생 동안 사용할 계획이다. 독서, 학습, 시험 준비 능력이 향상됐다. 과제를 하는 데 드는 시간은 절반으로 줄이면서 지금의 좋은 성적 유지할 것이다. 그녀의 9학년

남동생에게도 큰 도움이 됐다. 그는 느린 독서 습관을 가졌었는데, 이제는 힘든 수업 과제를 앞두고도 밤 늦게까지 공부할 필요가 없게 됐다. 그가 말했다. "이 프로그램은 기적을 일으키는 도구예요. 저는 한 달 동안 읽던 책들을 하룻밤에 읽을 수 있게 됐어요. 거의 완벽한 이해력까지 가지게 됐고요. 이제 다시는 예전 방식으로 책을 읽지 않을 거예요!"

한 사업가는 컨퍼런스에서 발표 요청을 받았다. 그는 예전에 하던 방식으로 책을 읽고, 노트에 필기를 하고, 연설문을 쓰는 등의 준비를 할 시간이 없었다. 그저 몇 권의 책을 포토리딩할 정도의 시간만 있었다. 그래서 포토리딩을 하고 즉흥적으로 발표를 해보기로 결심했다. 그의 발표는 스스로가 놀랄 정도로 침착하고 매끄러웠다. 심지어 그의 머릿속에 갑자기 떠오른 통계 자료까지 제시했다. 이는 분명 그의 마인드가 제공한 정보였다. 그는 청중에게 훌륭한 피드백을 받았고, 후에 모든 사실이 책에 나와 있다는 것을 확인했다.

한 컴퓨터 프로그래머는 코딩 페이지를 포토리딩함으로써 빠르게 프로그램 버그를 찾을 수 있다는 것을 알게 됐다. 또 다른 프로그래머는 다른 프로그래머가 작성한 코딩 페이지를 포토리딩했을 때, 더 효과적인 코드를 작성할 수 있었다고 말했다.

두 자녀를 둔 한 가장은 풀타임으로 일했고 아내는 대학원 과정을 수강했다. 빠듯한 일정이지만 본인도 대학원 수준의 경영학 수업 두 과목을 듣기로 결심했다. 그는 수업을 제외한 시간에는 일주일에 30~45분 정도만 포토리딩하는 데 시간을 할애했다. 학기 전체 기간 동안 10~12시간 정도를 포토리딩했다. 그럼에도 두 과목에서 B를 받았다. 그는 수업 중에 일부 질문에 대해 자유롭게 답변을 작성하거나, 책 전체의 세부사항을 마인드맵으로 정리하기도 했다. 그가 놀란 것은 포토리딩 후에 자신의 질문에 대한 답변을 자신의 목소리로 소리 내어 말할 수 있었고, 그 답변이 저절로 흘러나왔다는 점이었다. 그는 "저는 절대로 일반적인 독서 방법으로는 돌아가지 않을 거예요. 이 시스템은 정말 효과가 있어요!"라고 말했다.

한 학생은 포토리딩을 사용해 과학 시험을 위한 마인드맵을 만들었다. 이 시험은 9주 동안 배운 내용을 확인하는 기말고사였다. 그는 단 한 문제만 틀렸지만, 보너스 문제를 맞힌 덕분에 100점을 받았다. 그는 보통 시험에서 80점대나 90점대 초반 점수를 받았기 때문에, 100점을 받고 몹시 기뻐했다.

어느 포토리더는 포토리딩에 대한 라디오 인터뷰를 진행하는 중이었다. 그녀는 방금 인터뷰한 저자의 책을 포토리딩했다.

저자는 그녀에게 그 책에 대한 구체적인 질문을 했고, 포토리더는 아주 자세하고 정확하게 질문에 답변했다.

또 다른 라디오 쇼에서, 진행자는 포토리더의 질문에 대한 답변을 듣고 놀라며 말했다. "이 페이지를 거의 낭독하는 듯이 대답하시네요. 지금 무작위로 책을 펼쳐 질문한 부분은 97페이지입니다. 당신의 대답과 똑같이 적혀 있습니다." 이후에 진행자는 "저자가 나와 있는 것 같군요."라고 말했다.

어떤 30대 남성은 신경 질환을 겪었다. 이 질환에 대한 단서를 찾기 위해 의과대학교 도서관에서 책들을 포토리딩했다. 어느 날 그는 신경 질환에 대한 특이한 꿈을 꾸며 깨어났다. 그는 의사에게 전화를 걸었다. 의사는 "그건 생각하지 못했네요. 동료 의사와 상의해 보겠습니다."라고 말했다.

6장

4단계: 다시보기

포토리딩을 진행한 이후, 당신의 비의식 마인드에 저장된 정보를 의식적으로 알고 싶어질 수 있다. 다시보기 단계에서는 인식을 분류하고 패턴을 인식하는 두뇌 능력을 활용한다. 내용을 분류하지 않고 패턴을 파악하지 않으면, 이 세상에 막 태어난 신생아가 세상을 보는 것처럼 글이 혼란스럽게 보일 수 있다. 심리학의 아버지 윌리엄 제임스^{William James}가 묘사한 것처럼 나와 연관 없는 시각, 청각, 기타 감각들이 끊임없이 떠오르며 윙윙거리듯 혼란스럽게 느껴질 것이다.

다시보기 단계에서는 의미 있는 범주를 만들고 글, 책, 아티클 전반의 패턴이나 구성을 파악할 수 있다. 이 과정은 핵심 내용과 개념을 찾아 이해도를 올리는 데 도움을 준다. 당신은 핵심과 주요 내용을 담은 4~11퍼센트를 발견하기 시작한다. 그리고 이 부분은 바로 당신의 독서 목적을 충족시킨다. 다시보기 덕분에 자료 활성화하기를 좀 더 편안하고 즐겁게 시작할 수 있다.

포토리딩 단계를 마치자마자 다시보기를 시작할 수 있고, 하루 정도 지나고 나서 시작할 수도 있다. 만약 포토리딩을 진행하고 시간이 다소 지났다면, 몇 분 밖에 걸리지 않으니 자료를 다시 한번 더 포토리딩하기를 권한다.

다시보기는 아래 단계에 맞춰 진행한다.

1) 조사하기 (2~4분)
2) 트리거 단어 찾기 (2~4분)
3) 질문 만들기 (4~6분)

1) 조사하기

글머리 기호 (●) 읽기

책의 목차나 기사의 제목, 굵게 표시된 부분 외의 영역을 살펴볼 차례다. 이 단계에서는 추가로 몇 가지를 살펴보며 자료의 구조를 좀 더 깊이 탐구한다.

- 앞표지와 뒷표지에 있는 내용
- 저작권 날짜
  (표지의 내용이나 책이 쓰인 날짜를 미리보기 단계에서 검토하는 것이 좋을 때도 있다. 읽는 책이나 자료의 날짜, 시대적 상황을 봐야 할 때에 그렇다.)
- 색인
- 책의 첫 페이지와 마지막 페이지, 짧은 문서라면 첫 문단과 마지막 문단
- 제목 및 부제목을 포함한 굵은 글씨나 이탤릭체로 쓰인 부분
- 박스 표기된 부분의 내용, 도표, 차트, 그래픽 등의 자료
- 미리보기, 요약, 리뷰 파트들

조사하기 단계에서 책의 전체적인 구성을 파악할 수 있으며, 당신의 독서 목적에 부합하는지 확인할 수 있다.

2) 트리거 단어 찾기

책을 읽는 동안 특정 단어들이 페이지에서 튀어나오는 듯하면서, 그 부분에 좀 더 주의를 기울여 달라는 것처럼 느낀 경험이 있는가? 이와 같은 단어들은 아마도 저자가 전하고자 하는 핵심 메시지와 연결돼 있을 가능성이 높다. 이런 단어는 긴박한 느

낌을 가졌다. 마치 "이봐, 나를 좀 봐!"라고 말하는 것처럼 보인다. 이러한 단어가 바로 '트리거 단어 trigger words'다.

트리거 단어는 키워드다. 눈에 잘 띄고 반복적으로 사용되는, 책에서 중심이 되는 용어다. 이는 글의 내용 파악에 도움을 주는 손잡이 역할을 한다.

트리거 단어 찾기는 의식 마인드로 질문하고 비의식 마인드로 답을 얻는 데 도움을 준다. 당신의 두뇌는 이 단어들을 강조해 주의를 집중시켜 빠르게 의미를 찾아내고 독서 목적을 달성하도록 돕는다.

방법은 간단하다. 예를 들어 보면, 나는 2장에서 '초등 독서', '패러다임 전환', '목적', '신념'에 대해 언급했다. 이러한 용어는 트리거 단어로 적합하다. 그것들을 발견하는 과정에서 책과 내용에 대한 호기심이 증가한다. 호기심을 키우는 것은 효과적인 학습과 효율적인 독서의 필수 요소다.

일반적으로 대부분의 사람들은 논픽션에서 트리거 단어를 쉽게 찾아낸다. 소설, 희곡, 시 등의 문학 작품에서는 인물, 장소, 사물의 이름이 트리거 단어가 될 수 있다.

트리거 단어 찾기는 의미 파악을 위해 글 속으로 다이빙하기 전에 물을 한번 탐험해 보는 재밌는 활동이다. 한번 시도해 보라. 약 20페이지 정도를 빠르게 획 젖혀 보면서, 어떤 단어가 당신의 주의를 끄는지 살펴보라.

트리거 워드 찾기에 도움이 될 부분이 있다. 조사하기 단계에서 당신이 살펴본 것들이다. 책의 앞뒤 표지, 목차, 제목, 색인 등이 그 예다. 예를 들어 색인에서 가장 많은 페이지 수에 들어가 있는 단어를 찾아보라. 이 단어는 중요한 트리거 단어일 가능성이 크다.

책이라면 20~25개의 트리거 단어 목록을 종이에서 써서 만들어 보라. 기사라면 5~10개 정도의 트리거 단어를 마음속에 기억해 두라. 여기까지 2분 안에 달성할 수 있어야 한다.

트리거 단어 찾기를 할 때 즐겁고 편안하게 임하라. 그러면 트리거 단어를 좀 더 쉽게 찾을 수 있을 것이다.

3) 질문 만들기

인간의 두뇌는 질문에 대한 답을 찾고 검색하는 놀라운 능력을 가졌다. 이를 염두에 두고, 트리거 단어를 사용해 활성화 중에 답을 얻기 원하는 질문을 만들어 자극하라. 트리거 단어 목록을 살펴볼 때, 아마도 일부 단어만이 당신에게 의미 있는 질문으로 이어질 것이다. 이 활동의 핵심은 읽는 자료에 대한 호기심을 불러일으키는 것이다. 이 활동으로 당신은 능동적이며, 질문을 던지고, 목적의식을 가진 강력한 독자가 된다. 모든 질문들을 적어두라. 자료를 활성화할 때 유용할 것이다.

성공적인 다시보기의 비결은 내용에 너무 깊이 빠지지 않는 것이다. 당신은 다시보기를 멈추고 질문에 대한 답을 찾으려고 읽기 시작할 수 있다. 세부사항에 집중하려는 충동을 느끼면 그 충동을 놓아버리고, 질문을 만드는 과정으로 돌아가라. 우리의 두뇌는 방금 전에 포토리딩한 정보를 통합하고 숙성시킬 시간이 필요하다.

독서에 투자한 시간 대비 최대 이익을 얻고 싶다면, 너무 일찍 세부 읽기에 빠지지 않도록 하라. 세부 내용 읽기를 너무 빨리 해버리면, 당신의 독서 목적과는 관련 없는 단락과 페이지를 읽느라 독서 속도가 느려질 수 있다. 그렇게 되면 흥미가 떨어지고 심지어 졸게 될 수도 있다.

이러한 상황을 피하려면 세부 내용에 즉시 파고들지 말고 잠시 기다려라. 이는 당신의 동기 부여를 강화시킨다. 또한 당신의 마인드에서 형성되는 일반적인 구조를 채우기 위한 욕구를 자극한다.

다시보기의 가장 큰 이점 중 하나는 정보와 내용이 조금 더 궁금해지는 것이다. 이러한 호기심과 궁금증은 당신이 원하는 것을 성취하기 위해 독서에 쏟는 전념 에너지를 높이고, 마인드 전체에 활기를 불어넣는다.

이제 우리는 다양한 활성화 기술로 다시보기 단계에서 기재한 질문들에 대한 답을 찾을 준비가 됐다.

7장
5단계: 활성화하기

　미네소타대학교의 한 교수는 연설 요청을 받았다. 그가 발표하려던 내용 대부분은 두 권의 책에 담겨 있었다. 그는 취침 전에 그 책들을 포토리딩했고 다음 날 활성화할 계획이었다.
　그날 밤 그는 연설하는 꿈을 꾸었다. 꿈에서 깨어난 그는 연필과 종이를 잡고 그의 꿈과 연설 속에서 기억할 수 있는 모든 것을 적어 내려갔다.
　아침에 일어나서 그는 꿈을 적은 노트를 검토했다. 몇 가지 전환 부분만 제외하고 연설이 완성됐다는 것을 깨달았다. 그는 그날 늦게 책을 살펴봤고, 필요한 모든 요점이 그가 적은 노트에 포함됐다는 것을 알았다.

나는 포토리더들의 놀라운 경험 이야기를 들을 때가 좋다. 위와 같은 이야기를 실제로 경험하는 건 정말 멋진 일이다. 하지만 초보 포토리더들에게 이런 경험은 예외 사항에 가깝다. 이번 장에서는 포토리딩한 자료에서 필요한 정보에 의식적으로 접근하는 방법을 탐구한다. 나는 아무 것도 하지 않은 채 꿈을 꾸면서 사람들 앞에서 말할 준비를 하고, 학교 시험에서 아무런 준비 없이 시험을 치르는 것을 옹호하지 않는다. 적극적으로 참여할 때 이해력이 올라간다.

활성화는 포토리딩 홀 마인드 시스템의 마지막 단계로, 당신의 목적을 달성하는 데 필요한 의식적 인식을 제공한다. 이 단계에서 당신은 당신에게 필요한 내용을 알게 된다. 활성화 과정을 진행하며 의식적 이해 수준을 점차 높여간다. 당신은 어떤 내용에 관해 인지하고, 친숙함으로 나아가며, 마침내 당신이 원하는 지식을 알게 된다.

이해력의 네 단계
1) 인지
2) 친숙함
3) 지식
4) 전문 지식

포토리딩 다음에 진행하는 활성화하기는 일반적인 방식으로 읽은 내용을 기억하려고 애쓰는 것과는 매우 다르다. 활성화 테크닉은 비판·논리 영역의 의식 마인드를 이용해 강제로 기억하려고 하기보다는, 포토리딩으로 생성한 새로운 신경 연결을 다시 한번 자극하도록 설계됐다.

의식적으로 이해하기 위해서 당신은 목적의식을 가지고 적극적으로 임해야 한다. 활성화를 하는 동안 당신은 목적과 관련된 내용을 찾는다. 문서를 읽는 목적이 없다면, 활성화에서 얻을 이점은 거의 없다.

활성화에는 두 가지 유형이 있다. 자발적 활성화와 수동적 활성화다. 자발적 활성화는 당신의 의식적 노력 없이 발생한다. 아마도 당신은 몇 주 동안 고민했던 문제를 갑자기 해결해 본 경험이 있을 것이다. 또는 군중 속에서 친구의 얼굴을 봤거나, 몇 달 전에 만난 누군가의 이름이 갑자기 '아하!' 하며 떠오른 경험이 있을 것이다.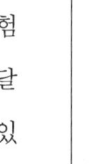

자발적 활성화는 이미 당신의 두뇌에 있는 과거 경험의 신경 패턴에 자동적으로 연결되며 일어난다. 우리가 의도적으로 찾지 않았던 환경 속 자극과 단서는 이전과의 연관성을 갑자기 떠올리게 한다. 자발적 활성화는 갑작스럽고 예상치 못하게 찾아오는 창의적 통찰의 번뜩임 같은 느낌을 준다.

포토리더들이 다양한 자발적 활성화 이야기를 들려준다. 하지만 포토리딩 홀 마인드 시스템에서 자발적 활성화는 아이스크림 위에 얹은 체리 같은 존재다. 포토리딩 홀 마인드 시스템의 메인 요리는 아니다.

이 장에서는 수동적 활성화에 집중한다. 수동적 활성화란 설계된 활성화를 의미한다. 텍스트를 촉매제로 사용해 두뇌를 재자극하고 필요한 정보를 의식 영역으로 가져온다.

활성화하기를 배우는 과정에서 한 가지 주목할 게 있다. 인식, 친숙함, 지식 단계로 가는 경험에서 당신이 느끼고, 실행하고, 생각하는 것들에 주목하라. 이런 경험을 주의 깊게 관찰함으로써, 당신은 직관적 신호를 좀 더 잘 이해하고 활성화 테크닉을 더욱 발전시킬 수 있을 것이다. 이것을 느끼는 정도와 반응은 각자 다를 수 있으니, 당신이 어떻게 느끼는지에 집중하고 관찰하기 바란다.

활성화하기에는 여섯 단계가 있다.

1) 인큐베이션
2) 질문 재검토
3) 슈퍼리딩 & 디핑
4) 스키터링
5) 마인드맵
6) 래피드리딩

1) 인큐베이션

포토리딩과 다시보기를 진행한 후에는 정보를 의식 마인드에서 내보내야 한다. 잠시 동안 독서에서 벗어나라. 창의성을 위해 잠시 미뤄두면 정보가 숙성되고 배양되는 데 도움이 된다. 두뇌가 독서한 내용을 이해하고 작업하도록 잠시 맡겨야 한다. 최소 10~20분 정도, 여유가 있다면 하룻밤 동안 기다려라.

'집중한 다음 인큐베이션 시간을 갖은 뒤 휴식하기' 개념은 작가, 예술가, 음악가, 과학자들에게 잘 알려져 있다. 이는 비활동적인 기간이 아니다. 당신의 두뇌는 결코 꺼지지 않는다. 매일 24시간 동안 일한다. 당신이 잠들었을 때, 우리의 뇌는 꿈을 꾸게 한다. 또한 직장에서 당신이 직면한 골치 아픈 문제에 대한 해결책을 강구한다. 당신의 현재 생각을 방대한 기존 지식 네트워크에 연결하는 등의 일을 한다.

포토리딩한 정보가 두뇌의 신경 네트워크에 자연스럽게 통합되도록 하라. 그러면 활성화를 통해 두뇌가 만든 연결을 불러일으킨다. 이를 통해 당신은 의식적으로 이를 연결하면서 원래 의도했던 독서 목적을 달성할 수 있다.

포토리딩 지도자 중 한 명은 활성화로 얼마나 쉽게 독서 목표를 달성할 수 있는지에 대한 이야기를 들려주었다. "포토리딩 세미나에서 한 학생이 'serendipity(뜻밖의 행운)'이라는 단어가 들어간 시를 공유했어요. 그날 저녁, 딸아이 집에 방문했을 때 문득 그 단어를 찾아보고 싶었습니다. 딸의 서재에 들어가 포토포커스 상태에 들어가면서 '여기에 있는 책 중에 내게 도움이 될 책은 무엇일까?'라고 물었어요. 질문을 끝내기도 전에 어떤 책을 향해 자연스럽게 손이 갔습니다. 그 책은 다섯 달 전에 딸이 빌려 간 책으로, 제가 포토리딩했던 책이었어요. 직감에 따라 책을 펼쳐보니, 페이지의 오른쪽 하단에 'serendipity'라는 단어에 대한 웹스터 사전의 정의가 적혀 있었습니다."

분명히 뇌의 확장된 처리 능력은 경이로운 방식으로 작동할 수 있다. 'serendipity'가 무슨 뜻인지 알아보는데, 실제로 뜻밖의 행운을 경험하게 되는 것보다 더 완벽한 방법이 있을까? 핵심은 당신이 마인드에 올바르게 질문하면, 마인드는 당신이 원하는 것을 제공하기 위해 작동한다는 것이다.

2) 질문 재검토

인큐베이션 후에, 다시보기 단계에서 작성한 질문을 한번 더 검토하라. 당신이 적어놓은 트리거 단어들은 당신의 호기심을 자극해 일반적인 내용에서부터 세부적인 내용에 이르기까지 당신을 이끌 것이다. 일반적인 내용에 대한 질문으로는 '이 책, 기사, 보고서에서 중요한 것은 무엇인가?', '요점은 무엇인가?', '여기에 나에게 도움될 만한 것이 있는가?' 등이 있다. 세부적인 내용에 대한 질문으로는 '다음 시험에서 좋은 성적을 얻기 위해 무엇을 알아야 하는가?', '리포트를 작성하려면 무엇이 필요한가?', '다음 회의에서 어떻게 기여하기 위해 무엇을 알아야 하는가?' 등이 있다. 또는 한 단어 또는 챕터 제목이 추가 질문을 만들도록 자극했을지도 모른다. 당신은 질문을 함으로써 더 깊은 비의식적 기억 저장 시스템을 탐색한다. 질문은 당신이 원하는 정보와 답변으로 통로를 열어주며, 호기심을 자극한다. 질문을 다시 검토함으로써 뇌는 당신의 목적을 달성하기 위한 최선의 방법과 수단을 찾는다.

마음속으로 질문을 던질 때, 즉각적인 답을 기대하지 마라.
때때로 즉시 답을 얻기도 하지만, 이 단계에서 기억하려고 시도하다가는 좌절할 수 있다. 포토리딩 후 정보를 기억해 내려고 할 때, 의식 마인드는 최근 기억만을 찾는다. 아무것도 찾지 못하면, 의식 마인드는 뇌의 방대한 비의식 데이터베이스에 대한 접근을 차단하는 경향이 있다. 지금 당신의 질문들을 다시 한번 살펴보는 것은 현재 가장 중요한 질문이 무엇인지 파악하는 데 도움이 된다. 이는 포토리딩 후 정보가 저장된 뇌의 광대한 데이터베이스로 가는 다리를 만들면서 이해를 촉발한다.

질문을 다시 검토하는 것은 본격적인 활성화의 시작이다. 질문 검토로 뇌는 목적 달성을 위해 필요한 정보를 적극적으로 찾도록 작동한다. 질문을 마음속에 품었거나, 종이에 적거나, 다른 사람과 관련 내용에 관해 논의하면, 당신의 두뇌는 일상적인 인지 저변에 자리 잡은 방대한 데이터베이스를 검색하기 시작한다. 질문을 만들 때에는 반드시 답변의 중요성을 높여라. 질문에 대한 답변을 원하는 정도가 강할수록 더 좋다.

편안한 각성 상태에서 질문하라. 호기심을 갖고 답을 얻을 수 있다는 확신을 가져라. 그 답으로 당신은 기분 좋고 놀라운 경험을 할 것이다. 당신이 마인드에 일관되게 계속해서 답을 구할 때 당신의 의식 영역과 전의식적 데이터베이스 영역 사이에 놓인 연결 다리는 점점 더 견고해진다.

3) 슈퍼리딩 & 디핑

우리는 여러 번에 걸쳐 정보를 접할 때 가장 잘 이해할 수 있다. 슈퍼리딩과 디핑으로 정보를 한 번 더 접하며 이해도를 한층 더 올릴 수 있다.

질문을 다시 한번 검토한 후, 이제는 답을 찾기 위해 글 안에서 적극적으로 움직일 차례다. 당신은 앞에 놓인 글에서 어떤 내용에 관해 알고 싶은가? 그 내용을 찾기 위해 글에서 어떤 부분으로 이동할 수 있는가? 다음 활성화 단계인 슈퍼리딩을 진행할 때, 당신에게 필요한 답이 있는 책 내용으로 빠르게 이동하라.

우선 당신의 독서 목적과 질문을 기반으로 당신을 끌어당기는 부분을 펴라. 글에서 '시각 단서' 또는 어떠한 단서는 특정 부분이 다른 부분보다 당신에게 더 중요하다는 느낌을 준다. 이러한 단서에는 관련 정보를 담은 장 제목이나 소제목이 포함될 수 있다.

그런 다음 선택한 부분에서 의미를 찾기 위해 눈을 빠르게 움직이며 슈퍼리딩한다. 이때 시선은 글의 중앙에 두고 열린 상태[13]여야 한다. 부드럽게 열린 시선으로 부드럽게 내려간다. 처음에는 당신이 보는 시야가 좁을 수 있다. 눈에 좀 더 많은 내용이 들어오는 실험을 계속하다 보면, 당신의 시야가 열려 각 열의 중앙 또는 페이지 안에서 많은 단어를 볼 수 있게 된다.

지금 이 부분을 읽을 때, 슈퍼리딩과 시야각 테스트를 한번 시도해 보라. 지금부터 나오는 단어들을 슈퍼리딩하면서 주변 시야로 양옆에서 포착되는 것에 주목해 보라. 일시적으로 글의 흐름을 놓칠 수 있지만, 신경 쓰지 말고 실험을 이어나가라. 시각적 인식을 열자마자 앞에 놓인 글을 보는 당신의 시선이 부드러워지고, 날카롭지 않게 초점을 맞출 수 있다. 이 과정에서 당신은 긴장을 풀고, 주의를 끄는 것과 좀 더 중요해 보이는 문장이나 단락을 알아차릴 수 있다. 이 부분은 당신이 '디핑dip'으로

---

[13] 글자 하나, 단어 하나에 집중하는 상태가 아니다.

주의를 기울일 부분이다. 원하는 답을 얻을 때까지 한두 문장을 읽는다. 그런 다음 다시 슈퍼리딩을 이어간다.

어디서 디핑을 해야 할지는 당신의 직관적 신호를 따르라. 당신 두뇌는 포토리딩으로 전체 글에 노출됐으므로, 당신의 주변부 인식에 있는 내부 신호를 안내자로 삼아라. 매번 어디를 디핑해야 할지 너무 걱정하거나 애쓰지 말라. 그 신호들은 논리와 언어보다 앞선다. 당신의 의식적 인식의 주변부에서 모니터링되는 이 신호들은 당신 두뇌의 비의식 데이터베이스에서 만들어진 연결에서 온다. 그것들을 알아차리고 주의를 기울여라. 이 직감을 따라 그것들이 당신을 어디로 이끄는지 발견하라.

우리는 포토리딩 세미나에서 슈퍼리딩을 슈퍼맨에 빗대어 시각적으로 설명하곤 한다. 당신이 지구에 처음으로 방문한 슈퍼맨이라고 상상해 보라.

10만 마일(약 16만 km) 상공에서 당신에게 지구는 소용돌이치는 파란 공으로 보인다. 당신은 지구를 향해 비행 경로를 설정한다. 1만 마일 거리(약 1만 6000km)에서 대륙의 윤곽을 구분할 수 있다. 또한 행성의 많은 부분이 물로 덮였음을 알아차린다. 더 가까이 날아가면서 사막, 열대우림, 초원, 산과 같은 다양한 육지를 볼 수 있다.

갑자기, 당신은 푸른 바다로 둘러싸인 모래사장이 있는 멋진 녹색 섬에 끌린다. 잠시 그곳에 착륙해 지형을 탐험하고 물에도 한번 빠르게 들어가 ^{dip} 본다. 만족했으면 다시 하늘로 올라가 착륙할 다른 장소를 찾는다.

이것은 슈퍼리딩과 디핑에 대한 완벽한 비유다. 슈퍼리딩으로 당신은 글 전체를 풍경처럼 보면서 넘나들 수 있다. 디핑으로 당신의 독서 목적에 부합하는 내용이 나오는 곳에 착륙할 수 있다.

당신은 글에서 디핑할 곳을 찾는 것뿐만 아니라 무엇이든 찾는 데 이 기술을 사용할 수 있다. 여러 상황에서 당신 안의 방대한 지식을 끌어낼 수 있다.

내 아내 리비는 이전을 준비하는 헌책방에 방문한 적이 있다. 그녀는 바닥에서 천장까지 책으로 가득 찬 책장에 둘러싸였다. 그녀는 포토포커스 상태로 들어가 자신에게 '폴이 원할 만한 오래되거나 희귀한 책이 여기 있을까?'라고 물었다. 그녀는 즉시 한 책으로 향했고, 방을 가로질러 가서 그 책을 집어 들었다. 내게 완벽한 책이었다. 그녀는 마인드를 활용해 그 외 더할 책은 없다고 느꼈지만, 20분 동안 모든 제목을 살펴봤다. 그제서야 그녀의 마인드가 준 신호가 옳았다는 것을 알았다. 추가로 고를 만한 다른 책은 없었다.

슈퍼리딩과 디핑슈퍼리딩과 디핑을 할 때, 어디를 봐야 할지는 직관적 신호에 따르라. 때때로 그저 당신의 시선이 향하는 곳

151

을 알아차리고 그 방향을 선택하는 것만큼 간단하다. 때로는 그냥 펼친 페이지가 당신에게 필요한 내용임을 알게 될 것이다. 주의를 기울여라. 당신의 마인드가 전하는 신호를 알아차려라.

슈퍼리딩과 디핑은 홀 마인드 시스템의 모든 단계와 마찬가지로 당신을 적극적이고, 질문하며, 목적에 맞는 독서를 할 수 있게 돕는 전략이다. 이 전략으로 당신은 핵심적인 결정을 내리기에 충분한 정보를 얻을 것이다. '이 문서의 핵심 요점을 요약하는 문장이나 단락은 어디인가?', '이 글은 내 목적과 관련되는가?', '나는 이것을 계속 읽기를 원하는가 아니면 다른 글로 넘어가고 싶은가?'

디핑하는 동안 당신은 흔히 겪는 문제를 경험할 수도 있다. 수년간의 학교 교육 또는 그보다 더 오랜 기간 동안 해온 독서 때문에, 모든 것을 디핑해야 한다고 느낄 수 있다. 이런 상황에 놓였다면 당신은 독서 목적을 충족시키지 않는 불필요한 세부사항을 읽는 것이다. 저자가 중요 요점에 관해 제시하는 예시를 디핑해서 읽는 건 효과가 있다. 이후 몇 단락은 추가적이지만 중복된 예시를 제공할 수도 있다. 그것들에도 디핑한다면 시간을 낭비하는 것일 수 있다. 너무 많은 시간을 낭비하면, 세부 내용에 교착된 상태에 빠지며 자료 내용과는 무관한 부분으로 빗나갈 수 있다.

이때가 되면 오랫동안 우리 속에 자리잡은 독서 패러다임이 종종 고개를 든다. 당신은 의식 마인드 때문에 죄책감에 빠질 수 있다. 일부는 "멈춰! 단어를 놓쳤어. 돌아가서 좀 더 주의 깊게 읽어야지. 그렇게 읽는 게 아니야. 지금 제대로 읽어야지!"와 같이 초등학교 2학년 또는 3학년 때로 돌아가 선생님에게 꾸짖음을 듣는 것 같은 느낌을 받을 수도 있다.

만약 그런 느낌을 받는다면 그 부분을 인정하고 받아들여라. 슈퍼리딩하는 동안 무언가를 놓친다는 걱정을 놓아버려라. 우리는 초등학교 때 한 단어씩 한 문장씩 읽어가면서 모든 것을 읽고, 이해하고, 기억하고, 비평하도록 훈련받았다. 그래서 의식 마인드에서는 '놓치면 안 된다'는 신호를 보내는 것이다. 하지만 50년 넘게 독서 전문가들은 이것이 최악의 독서법이라고 말해왔다. 이해는 여러 층으로 이루어진다는 점을 명심하라. 슈퍼리딩과 디핑을 할 때마다, 당신은 '모른다'는 하나의 층을 벗겨내고 글의 핵심에 있는 필요한 것을 드러낸다.

당신의 직관을 신뢰하고 강하게 끌릴 때 디핑하라. 만약 필요하지 않은 정보에 디핑하게 되면 당신의 독서 목적을 떠올려라. 자신에게 필요한 정보가 포함된 곳을 찾아 디핑하라고 내면에 말하라. 명확한 목적이 있으면 뇌는 자연스러운 능력을 활용해 필요한 정보를 찾아낼 수 있다.

독서 권위자인 프랭크 스미스 Frank Smith가 《넌센스 없는 독서 Reading Without Nonsense》에서 지적했듯이, 읽으면서 내용을 기억하려고 노력하는 것은 실제로 이해하는 데 방해가 된다. 세부사항을 잊어버릴까 봐 걱정하면서, 우리는 이해를 가로막는 불안감을 만들어 낸다.

의심이 들 때는 러셀 스타우퍼Russell Stauffer의 책 《사고 과정으로써의 독서 교육Teaching Reading as a Thinking Process》에서 제시한 중요한 통계를 기억하라. 그는 텍스트의 4퍼센트에서 11퍼센트만이 핵심 의미를 전달한다고 주장한다. 실제로 독자의 가독성을 테스트하는 방법 중 하나는 다섯 단어 중 네 단어를 지워보는 것이다. 그런 다음 독자들에게 그 구절이 대략 무엇에 관한 내용인지 알 수 있는지 물어보라. 만약 글이 적절한 읽기 수준에 맞춰 쓰였다면, 대부분의 독자들은 대답할 수 있을 것이다.

Tip) 최고의 디핑 방법

디핑할 때 기사에서는 한두 문단으로, 책에서는 한두 페이지로 제한하라. 슈퍼맨의 비유를 다시 빌리면, 우리는 슈퍼맨처럼 나중에 경치를 감상하고 지역 주민들과 어울릴 수 있다. 지금 당신의 주요 목적은 행성을 계속 탐험하는 것이지, 섬에 정착해 남은 생을 보내는 것이 아니다.

글머리 기호 (•) 읽기

디핑은 일반적인 독서와 매우 유사하지만 몇 가지 중요한 차이점이 있다. 디핑을 가볍고, 쉬우며, 유연한 움직임으로 하는 독서라고 생각하라. 미네소타대학교의 명예 교수인 J. 마이클 베넷Michael Bennett 박사는 이것을 '리드미컬한 정독rhythmic perusal'이라고 부른다. LSC에서 진행한 '위대함을 위한 네 가지 능력Four Powers for Greatness Personal Learning Course' 강의에서 그는 다음과 같은 과정을 설명한다.

- 당신의 독서 목적과 자료의 제목 또는 부제를 마인드에 확실히 새겨라.

- 얼굴과 눈을 편안하게 하고, 문장의 윗부분을 가로질러 시선을 자연스럽게 움직일 수 있도록 가볍게 집중하라.

- 한 줄씩 부드럽고 매끄럽게 시선을 이동하라.

- 구나 어구 같은 의미 단위를 찾아라.

- 단어 하나하나의 의미가 아닌 전반적인 생각, 감정, 아이디어를 파악하라.

포토리딩 전체 마인드 시스템의 구조에서, 슈퍼리딩과 디핑을 할 때마다 텍스트에 대한 친숙함이 증가하고 이해의 또 다른 층을 더한다. 저자와의 집중적인 대화를 시작해 질문을 던지고 답을 발견하면서 슈퍼리딩과 디핑을 수행하게 된다. 포토리딩 시스템에서 가장 즐거운 단계 중 하나다.

포토리더로서 당신은 문제 해결과 삶의 질 향상을 위한 아이디어 찾기 여정에 있다. 슈퍼 히어로에게 잘 어울리는 퀘스트다.

슈퍼리딩과 디핑을 생활의 일부로 만들면 글을 넘어 이 방식을 적용할 수 있다. 매년 재고 구매를 위해 무역 박람회에 참석하는 한 보석상은 포토리딩 홀 마인드 시스템을 박람회에서 사용했다.

그는 전시물을 파노라마뷰로 보기 위해 강당의 한쪽 끝에 섰다. 포토포커스 상태로 각 통로를 빠르게 걸으며 '포토리딩'을 진행했다. 그는 자신의 가게를 채울 돌의 종류를 생각하며, 통로를 하나씩 지나며 걸으며 '슈퍼리딩'을 시작했다. 직관적인 신호가 있으면 특정 부스를 찾았고, 그곳을 '디핑'했다.

이 방법을 사용해 그는 2시간 만에 필요한 모든 것을 찾을 수 있었다. 이전에는 한 번에 각 통로를 차근차근 검색하는 방식으로 5일이 걸리던 일을 이번에는 단 하루 만에 끝냈다.

포토리딩 홀 마인드 시스템을 생활에 통합하면, 당신도 자동적으로 보석상이 했던 것처럼 적용할 수 있을 것이다. 이렇게 하면 포토리딩은 단순히 책에서 정보를 얻는 기술을 넘어 만능 도구로 자리 잡게 된다.

Tip) '생각 기차'를 찾으라

슈퍼리딩과 디핑을 할 때, 가장 큰 가치가 있는 부분으로 들어가라. 중학교 3학년 즈음되면 당신의 뇌는 글에서 어느 부분을 읽어야 할지 알 수 있도록 잘 훈련돼 있다. 뇌는 의미로 이어

지는 단서를 찾는 데 매우 능숙하다.

예를 들어 우리의 뇌는 글자의 위쪽 절반이 아래쪽 절반보다 더 많은 시각적 단서를 가지고 있다는 것을 안다. 다음 문장을 살펴보라.

시각적 단서에 관해 새로 만나야 내용이 보이나요?

이 문장이 더 읽기 쉽나요 아니면 더 어렵나요?

느꼈는가? 글자의 윗부분을 보면 단어의 의미를 더 쉽게 파악할 수 있다. 마찬가지로 의미를 나타내는 더 많은 단서는 상대적으로 단락의 첫 문장에 나타난다. 그리고 다섯 문단으로 구성된 글은 처음과 마지막 문단에 더 많은 단서가 나타난다.

기사나 책을 활성화할 때, 가장 많은 의미를 제공해 줄 단서를 찾아라. 글의 구조를 살펴보고 저자가 글을 쓴 구성 방식을 파악하라. 그런 다음 저자의 구성 방식에 따라 슈퍼리딩과 디핑을 진행하라.

예를 들어 당신은 저자가 먼저 문제에 관해 설명하고, 이후 이어지는 글에서 해결 방법을 설명한다는 점을 알 것이다. 저자의 문제 해결 단계를 알고 싶다고 가정해 보자. 저자의 글 구조를 파악함으로써 필요 없는 부분은 건너뛰고, 당신의 독서 목적 달성을 위한 디핑 지점으로 빠르게 갈 수 있다.

이걸 우리는 '저자의 생각 기차'라고 부른다. 포토리딩 세미나에서 나는 이를 표현하기 위해 다음과 같은 그림을 사용한다.

- **저자는 문제를 제시하며 기차를 움직인다.**

- **문제에 대한 논증은 정보의 흐름 속에서 중요 화물과 같다. 그리고 이 화물은 저자가 독자에게 전달하려는 특정 주장을 기반으로 한다.**

- **문제 해결을 위한 해결책들을 제시한다.**

생각 기차는 저자가 정보를 제시하는 한 가지 방식이다. 기사나 책 안에서 글에 적용된 구조들을 발견하라. 글의 구조를 파악함으로써 슈퍼리딩과 디핑을 어디에서 해야 할지 알게 된다. 이 덕분에 내게 필요한 정보를 빠르게 파악할 수 있다.

슈퍼리딩과 디핑 전략은 일반 속독과 비슷해 보일 수 있지만 그것과는 다르다. 슈퍼리딩과 디핑은 포토리딩을 한 이후에 이루어진다. 즉 전체 텍스트를 두뇌에 노출시키고 비의식적 기억 저장 시스템과 연결한 후에 이루어진다. 슈퍼리딩과 디핑은 이미 마인드 내부에 있는 방대한 데이터베이스와 의식적으로 연결하고, 무엇이 중요한지를 인식하도록 돕는다. 반면 속독은 단순히 의식적으로 더 빠르게 읽는 방법일 뿐이다.

또한 슈퍼리딩과 디핑의 목표는 자료 내용을 암기하거나 모든 내용을 의식적으로 기억하는 것이 아니다. 구조를 파악하고, 중요한 정보를 찾아내고, 자료를 의미 있는 방식으로 분류하며, 정신적으로 요약하는 데 도움을 준다. 그 결과 자료에 대한 이해력과 장기 기억력을 향상시킨다.

4) 스키터링

분석적 사고를 선호하는 포토리더에게는 슈퍼리딩과 디핑의 대안으로 '스키터링 Skittering'이 잘 맞다. 스키터링은 마이클 베넷 J. Michael Bennett 박사가 개발한 테크닉이다. 분석적 사고를 가진 이들은 텍스트를 빠르게 보면서 좀 더 안정감을 갖는다. 베넷은 '위대함을 위한 네 가지 능력' 강의에서 스키터링을 속독 테크닉을 능가하는 기술로 소개한다. 스키터링은 디핑 대신 유용하게 활용할 수 있는 방법이기도 하다.

스키터링은 정보 전달 또는 교육적 성격으로 쓰인 긴 자료를 매우 빠르고 놀랍도록 정확하게 이해하는 데 도움을 준다. 스키터링은 책 전체 또는 특정 부분을 살펴보는 데 사용할 수 있다.

또한 슈퍼리딩한 영역 사이를 커버할 때도 사용할 수 있다. 책, 저널, 보고서, 다양한 디지털 문서를 대상으로 '슈퍼리딩과 디핑' 또는 '슈퍼리딩과 스키터링'을 할 수 있으며, '스키터링'만 할 수도 있다. 이 테크닉을 실험하면서 자신에게 가장 잘 맞는 방식과 읽기 자료에 따른 적합한 방법을 발견할 것이다.

스키터링이라는 용어는 마치 연못 표면에서 미끄러지는 수생곤충이 야생적으로 들쭉날쭉하며 춤을 추듯 움직이는 것을 묘사한다. 스키터링으로 문단을 빠르게 눈으로 훑으면서 해당 문단의 주요 주장을 뒷받침하는 모든 단어들을 볼 수 있다. 글에서 4퍼센트에서 11퍼센트만이 핵심 의미를 담았다는 생각에 맞춰, 스키터링은 주요 단어를 빠르게 포착하게 해주며, 나머지 부분은 지나쳐도 된다는 안정감을 준다.

글머리 기호 (•) 읽기

스키터링으로 활성화하는 방법은 다음과 같다. 아래에서 읽으라고 나와 있는 지시 사항은 '리드미컬한 정독'을 의미하며, 디핑을 설명하면서 사용한 독서 방식이다.

- **스키터링으로 읽을 단락의 첫 번째 문장을 읽어라.**
  (첫 번째 문장은 보통 각 단락의 주제를 담은 문장이다.)

- **단락에서 첫 문장과 마지막 문장을 제외한 모든 단어들을 빠른 패턴으로 눈을 움직이며 훑어라. 첫 문장의 주제를 뒷받침하는 것처럼 보이는 단어들에 주목하라. 눈을 위에**

서 아래로, 아래에서 위로, 지그재그 형태로 움직여라. 시계 방향 또는 반시계 방향의 원형 패턴을 따를 수도 있으며, 안에서 밖으로, 밖에서 안으로 움직일 수도 있다. 정해진 패턴은 없다. 여러가지 패턴을 가지고 놀듯이 편안하게 시도해 보며 당신에게 가장 잘 맞는 방식을 찾아라. 이와 같은 움직임으로 두뇌는 단락에서 주된 개념을 보완하거나 추가하는 아이디어를 발견한다.

- 단락의 의미를 여전히 파악하기 어렵다면, 마지막 문장을 읽는다. 이 과정을 계속 반복하면서 읽는 자료의 마지막 부분에 다다를 때까지 진행하라.

5) 마인드맵

옛 대학원 수업 자료 상자를 들여다보면서, 두 가지 종류의 노트에서 큰 차이를 발견했다. 하나는 교수가 말한 모든 내용을 선형적으로 정리한 전통적인 노트였다. 이해하기 어려운 낙서와 미완성된 문장들이 끝없이 이어졌다. 시험을 준비하면서 그 노트 내용을 해독하려 했던 기억이 떠올랐는데, 정말 끔찍한 일이었다.

두 번째 유형의 노트는 대안적인 방식으로, 매우 시각적인 '마인드맵'이라는 다채로운 도표들로 구성된 것이었다. 그 노트를 보니 수업 내용을 정리하고 복습하는 것이 얼마나 즐거웠는지 다시 떠올랐다. 또한 세부 내용이 마치 홍수처럼 생생하게 밀려왔다. 마인드맵은 나의 수업 경험을 완전히 바꿔 놓았다.

  마인드맵은 빠르고 매우 효율적이다. 장기 기억을 촉진하고, 슈퍼리딩과 디핑 후에 정보를 종합하는 데 도움을 준다.

다음의 마인드맵은 포토리딩 홀 마인드 시스템의 다섯 단계를 요약한 것이다.

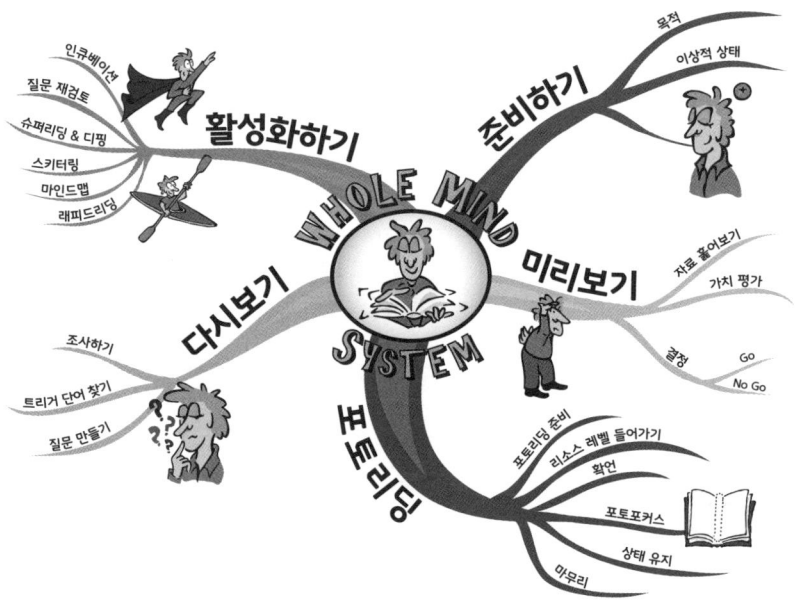

글머리 기호 (•) 읽기

마인드맵을 보면 당신은 마인드맵 제작 방식의 기본 가이드를 추론할 수 있을 것이다.

- 핵심 개념을 페이지 중앙에 배치하라.

- 중앙에서 뻗어 나오는 연결선에 내용을 뒷받침하는 개념을 적어라.

- 핵심 용어만 사용하라. 종종 이 용어는 다시보기 단계에서 확인한 트리거 단어일 것이다. 이 개념을 세 단어 이내로 표현하라.

- 시각적 요소를 포함하라. 만화, 이미지, 기호, 아이콘 등을 적절한 곳에 그려라.

- 색상을 더하라. 위의 마인드맵에서 1단계와 관련된 모든 단어는 하나의 색으로, 2단계는 또 다른 색으로 구분할 수 있다.

마인드맵에 관한 자세한 내용을 담은 훌륭한 책 두 권을 소개한다. 토니 부잔^{Tony Buzan}의 《마인드맵 북^{The Mind Map Book}》과 조이스 위코프^{Joyce Wycoff}의 《마인드 매핑^{Mind Mapping}》이다.

마인드맵을 작성할 때는 표준 크기보다 좀 더 큰 종이를 사용하라. 만약 표준 크기의 종이를 사용한다면, 최소한 종이를 가로로 돌려서 진행하라. 이 방식으로 대부분은 아이디어를 쓸 더 많은 공간이 있다고 느낀다.

마인드맵은 매우 개별적이다. 동일한 자료에 대한 마인드맵을 작성하더라도 당신의 마인드맵은 다른 사람이 그린 것과 다를 것이다. 그래도 괜찮다. 이상적으로, 당신의 마인드맵은 당신의 경험을 반영한다. 당신의 장기 기억을 촉진하는 이미지와 연상은 당신만의 것이다.

처음에는 어색하게 느껴질 수도 있지만, 활성화 연습의 일환으로 마인드맵을 그리며 놀이를 하듯 시도해 보라. 마인드맵은 시각 기억과 공간 지능을 사용하기 때문에 뇌의 가장 강력한 기억 센터에 접근한다. 게다가 마인드맵은 뇌가 작동하는 방식과 유사하다. 선형적 논리가 아니라 연상 가지로 아이디어를 연결하는 방식이다. 아마도 이런 이유로 마인드맵을 금방 자연스럽게 느낄 것이다.

마인드맵에서는 두 가지 방식으로 도움을 얻는다. 첫째, 즉각적으로 다른 이해의 층에 도달하며, 더 많은 정보를 회상할 수 있게 자극을 받는다. 둘째, 나중에 정보를 빠르게 회상하는 트리거 역할을 한다. 만약 책을 보고 마인드맵을 작성했다면, 마인드맵을 그 책 안에 보관하는 것을 고려하라. 나중에 마인드맵을 다시 보면 그 책의 내용이 단순히 목차나 전통적인 노트를 보는 것보다 더 풍부하게 떠오를 것이다.

마인드맵 그리기는 옵션이다. 포토리딩을 배울 때, 자신에게 가장 잘 맞는 방법을 찾을 때까지 활성화하려는 모든 책에 마인드맵을 사용해 보라.

마인드맵에서는 키워드 노트 방식을 사용한다. 이 과정은 불필요한 노트 작성을 90퍼센트 줄여준다. 효과성 덕분에 글쓰기 또는 노트 작성 속도를 최대 열 배까지 향상시킨다. 이와 더불어 불필요한 단어를 일일이 살펴볼 필요가 없기 때문에 기억력도 크게 향상된다.

Tip) 기억에 대해 새로운 경험을 해보라

우리는 독서 패러다임 변화와 더불어 기억력에 대한 패러다임을 바꾸길 권장한다. 활성화 테크닉을 조합하면 기억력을 극적으로 즉시 향상시킬 수 있다. 기억의 역할에 관해 다시 생각해보면서 이것이 어떻게 가능한지 이해해 보자.

나는 노벨상을 수상한 신경학자이자 《기억된 현재The Remembered Present》와 《밝은 공기, 찬란한 불Bright Air, Brilliant Fire》의 저자인 제럴드 에델만Gerald Edelman의 연구에 깊이 매료됐다. 에델만 덕분에 우리가 자료를 활성화할 때 실제로 어떤 일이 일어나는지 가장 설득력 있는 설명을 얻었다.

에델만의 이론에 따르면 기억은 뇌의 특정 부분에 국한돼 저장되는 것이 아니다. 우리가 매번 기억을 떠올릴 때마다 새롭게 만들어진다. 우리는 무언가를 기억할 때 어떤 아이디어를 위한 정신적 맥락을 만든다. 그리고 중요한 단서나 관련된 정보를 다시 입력한다. 과거 경험으로 형성된 신경의 '경로'를 따라간다. 우리가 '기억'하고자 하는 내용과 이미지는 저장된 곳에서 단순히 불러오는 것이 아니다. 충분한 단서를 입력하고 올바른 신경 경로를 자극하면, 바로 그 순간에 새롭게 재창조된다.

이 관점을 포토리딩과 활성화 단계에 적용하면 놀라운 결과가 나오는 이유를 이해할 수 있다. 우리가 포토리딩할 때, 뇌는 글을 인지적으로 처리하기보다는 생리학적으로 처리한다. 포토리딩 방식으로 글을 뇌에 노출시키면 뇌 안의 신경 네트워크를 열고 나중에 인지적으로 연결한다.

그 결과 독서 속도는 빨라지고, 읽는 자료에 대한 친숙도가 올라가며, 이해하기 쉬워진다. 당신은 책을 읽으면서 의미를 파악하려고 애쓰는 대신, 중요한 정보를 거의 즉각적으로 연결하는 능력을 얻을 것이다. 원하는 지식을 얻기 위해 책에 몇 시간씩 투자할 필요도 없다.

이것은 마치 기차를 달리게 하기 위해 철로를 설치하는 것과 매우 비슷하다. 포토리딩은 철로를 놓는다. 자료를 활성화할 때, 우리는 슈퍼리딩과 디핑 또는 스키터링 테크닉으로 정보 속으로 들어간다. 그리고 의식 마인드는 완전한 이해라는 목적지로 가는 철로를 따라간다.

나는 몇 단락 안에 에델만의 기억 이론을 제대로 설명할 수 없다는 것을 인정한다. 내가 이론에 관해 설명하려고 노력하는 것보다 당신이 이 과정을 직접 경험하는 것이 훨씬 더 중요하다. 인큐베이션, 질문 재검토, 슈퍼리딩과 디핑, 스키터링, 마인드맵. 이와 같은 활성화 과정은 모두 그 경험으로 가는 관문이다.

6) 래피드리딩

나는 포토리딩 세미나에서 준비하기, 미리보기, 포토리딩, 다시보기, 슈퍼리딩과 디핑을 진행한 후에 참가자들에게 "슈퍼리딩과 디핑까지 진행한 책에서 더 얻고 싶은 내용이 있으신 분 계신가요?"라고 묻는다. 보통 40퍼센트 정도가 손을 든다. 나는 "구체적으로 어떤 내용에 관해 알고 싶으세요?"라고 질문한다.

이 질문에 몇몇은 정확히 대답한다. 그들은 더 자세히 알고 싶은 내용이 책의 어느 부분에 있는지 정확히 안다. 다음으로 그들이 해야 할 것은 목표 완수를 위해 추가적으로 슈퍼리딩과 디핑 또는 스키터링하기다.

하지만 때로는 당신에게 정말 중요하거나 저자와 세부적이고 분석적인 대화가 필요한 전문 내용이 있는 챕터를 만날 수도 있다. 이때 활성화의 마지막 테크닉인 '래피드리딩'을 활용할 수 있다.

글에서 더 많은 정보를 얻고 싶거나 슈퍼리딩과 디핑의 레이저 같은 정밀함으로 충분히 원하는 답을 얻지 못했을 때 래피드

리딩을 선택할 수 있다. 또한 책을 읽을 때 느끼는 감정에 몰입하거나, 재미를 위한 독서 또는 여유 시간을 즐기기 위한 독서를 할 때도 이 방식을 활용할 수 있다. 음미할 가치가 있는 문장이나 표현을 쓰는 작가의 글을 읽을 때도 래피드리딩을 적용할 수 있다.

래피드리딩을 할 때는 필요한 만큼의 시간을 투입해 글을 빠르게 보라. 섹션, 장, 책의 처음부터 끝까지 읽어 나가라. 구절의 복잡성이나 중요도에 따라 속도를 조절하라.

글머리
기호 (•)
읽기

아래에 해당한다면 빠르게 읽는다

- 다른 단계에서 이미 읽은 단락이나 페이지라면 빠르게 넘겨라.

- 단순하거나 반복되는 정보 또는 이미 이해했거나 불필요한 정보라면 빠르게 넘겨라.

- 읽던 섹션이 당신의 독서 목적에 비춰봤을 때 중요하지 않은 부분임을 빠르게 파악했다면 포토리딩 속도로 빠르게 넘어가라. 동시에 직감에 따라 멈춰야 할 필요가 있을 때 멈출 수 있도록 열린 마음을 유지하라.

다음 상황에선 속도를 늦춰라

- 글에 낯선 정보가 포함됐을 때

- 신중하게 고려할 복잡한 정보를 감지했을 때

- 더 자세히 탐구하고 싶은 극도로 중요한 구절을 발견할 때

결과적으로 글을 읽을 때 다양한 속도로 읽어라. 중요도, 복잡성, 정보에 대한 사전 지식에 따라 때로는 빠르게, 때로는 천천히 읽는다.

래피드리딩의 핵심 포인트는 계속해서 읽어 나가는 것이다.  이해가 안 되는 정보에 멈춰서 힘겨워하지 마라. 완전히 이해하지 못하는 부분에서 멈추는 것은 흔한 일이지만 이것은 낡은 패러다임에 속한다. 중간에 멈추는 대신 계속해서 읽어라. 이해의 층이 쌓일 때 가장 잘 이해할 수 있다.

읽기를 중단하고 모르는 내용과 씨름하면 산만해져서 독서를 끝내지 못할 수 있다. 계속 읽어 나가면 곧 이해할 수 있는 정보에 도달하고, 이전에 막혔던 내용에 대한 단서를 글에서 발견한다. 편안한 각성 상태를 유지하면서 래피드리딩을 하면 당신이 원하는 독서 목적과 직접 관련된 정보를 계속해서 끌어낼 수 있다.

Tip) 즐거움을 위한 독서에 래피드리딩을 사용하라

즐거움이나 여가 시간을 즐기기 위한 목적으로 독서를 할 때, 책을 포토리딩한 다음 래피드리딩하면 매우 가치 있다는 것을 알게 될 것이다. 이 과정은 소설과 논픽션 모두에 효과적이다. 이 방법은 소설과 논픽션 모두에 효과적이다. 당신은 글을 더 풍성하고, 깊이 있으며, 더욱 즐겁게 느낄 것이다. 왜냐하면 당신은 내면에서 이미 자료를 처리했고, 단순히 책을 읽는 것만으로는 할 수 없는 더 깊은 수준에서 연결을 형성했기 때문이다. 초기 포토리딩 수강생 중 한 명은 "저는 독서의 기쁨을 다시 발견했어요."라고 말했다.

> 래피드리딩과 함께 리드미컬한 정독 테크닉을 연습하면 읽는 속도가 향상된다. 그에 따라 즐기면서 읽고 있는 자료에 대한 이해도 함께 높아진다.

Tip) 래피드리딩과 슈퍼리딩의 차이

자주 묻는 질문 중 하나는 래피드리딩과 슈퍼리딩의 차이다. 처음에 이 두 테크닉이 비슷하게 보일지 모르지만 차이가 있다. 래피드리딩은 중요한 장이나 책 전체를 처음부터 끝까지 빠르게 읽는 방식이다. 슈퍼리딩은 자신이 글에서 끌리는 특정 부분을 찾고, 글의 가운데에 시선을 두고서 가볍게 내려가며 질문에 대한 답이 어디 있는지 위치를 찾는 것이다.

래피드리딩을 할 때는 전통적인 독서를 진행할 때만큼 느릴 수도 있다. 예를 들어 기술 도면이나 수학 공식을 이해하거나 시 한 줄을 음미하기 위해 속도를 늦출 수 있다. 반면에 슈퍼리딩은 빠른 속도를 유지한다. 답이 있을 것 같은 텍스트 부분에서는 디핑으로 읽는다. 슈퍼리딩을 할 때는 래피드리딩과 달리 페이지 순서에 맞춰 읽을 필요가 없다.

슈퍼리딩을 슈퍼맨이 우주에서 지구를 훑어보며 특정 대륙에 착륙할지를 결정하는 행동에 비유했다. 래피드리딩은 슈퍼맨과는 다른 비유가 필요하다. 래피드리딩은 마치 강에서 카약을 타는 여행과 같다. 때로는 거친 급류를 타고 빠르게 내려간다. 잔잔한 물결 위에서는 여유롭게 천천히 노를 젓기도 한다. 그러고 나서 다시 급류로 돌아가 빠르게 내려갈 수도 있다. 항상 능동적이고 각성된 상태를 유지하는 것이 중요하며, 자료에 따라 속도를 다양하게 조절한다.

래피드리딩이 항상 필요하지는 않다. 때로는 미리보기, 포토리딩, 다시보기, 첫 번째 활성화 기법만으로도 원하는 독서 결과를 얻을 수 있다. 비즈니스 현장에 있는 많은 사람들은 대부분은 래피드리딩 기법을 사용할 필요가 없다. 보고서나 매뉴얼 같은 비즈니스 정보를 읽을 때는 다른 활성화 테크닉들로 독서 목적을 달성할 수 있다.

교과서를 공부해야 하는 학생들이나 즐거움을 위한 독서하는 사람들은 래피드리딩을 자주 사용한다. 의식 마인드가 더 많은 탐색을 할 수 있도록 해주기 때문이다.

소설 읽기를 즐기는 포토리더들은 미리보기, 포토리딩을 한 후에 바로 래피드리딩으로 넘어가며, 다른 활성화 테크닉을 생략하기도 한다. 포토리딩 홀 마인드 시스템의 다양한 방법을 활용해 보라. 독서 목적을 달성하기 위한 최적의 경로를 찾게 될 것이다.

Tip) 시스템이 어떤 결과를 주는지 입증하라

래피드리딩 기법은 안심되는 기법이다. 왜냐하면 공부하는 자료에 대한 완전한 의식적 이해를 쌓기 때문이다. 다른 수동적 활성화 기법들과 마찬가지로, 래피드리딩은 주로 의식 마인드와 함께 작동한다.

포토리딩 홀 마인드 시스템을 사용해 독서 목표를 달성하면서, 어느 단계가 성공에 가장 큰 영향을 미치는지 궁금할 수 있다. 의식 마인드를 사용하는 기법들이 가장 큰 기여를 한다고 쉽게 생각할 수 있다. 왜냐하면 이러한 테크닉을 사용할 때 의식 영역에서 이해할 수 있기 때문이다. 포토리딩의 비의식 단계가 정말로 무언가를 했다고 생각하기 어려울 수 있다.

이 독서 시스템은 '홀 마인드 whole mind' 시스템이기 때문에 작동한다. 의식 마인드와 비의식 마인드 모두 함께 한다. 의식 영역에서 얻는 이점을 충분히 즐겨라. 동시에 비의식 영역에 할당된 삶의 다른 긍정적인 효과들도 계속해서 인식하라.

포토리딩 단계에서 가장 놀라운 입증 사례는 종종 자발적 활성화 spontaneous activation로 나타난다. 포토리딩 세미나 또는 포토리딩 과정을 마친 졸업생들이 들려주는 자발적 활성화에 대한 이야기는 모든 초보 포토리더들에게 훌륭한 자극이 된다. 이 이야기는 모두 유사한 특징을 가졌다.

지금까지 받아온 많은 보고에 따르면 다음과 같다. "저는 어떤 정보가 필요했고 그 정보를 원하는 상황에 처했는데, 그때 정보가 그냥 떠올랐습니다. 당시 그걸 기억하려고 애쓴 것도 아니었어요. 정보가 그냥 생각났습니다. 기억하려고 애쓰지 않았는데, 그냥 툭 하고 갑자기 떠올랐어요."

'아하!' 하는 자발적 활성화 경험은 설득력 있는 증거가 된다. 자발적 활성화 방식으로 많은 사람들이 포토리딩 단계가 실제로 그들에게 효과가 있다는 것을 증명해 왔다. 역설적인 것은 자발적 경험을 계획할 수 있느냐는 것이다. 자발적인 경험은 '자발적'이어야 하기 때문에 계획할 수가 없다.

자발적인 활성화 경험을 기다리며 앉아 있지 마라. 시스템을 테스트할 다른 방법들이 있다. 내가 포토리딩을 처음 연구할 때, 포토리딩이 실제로 효과가 있다는 강력한 증거가 있었다. 일부 증거는 자발적 활성화에서 나왔지만 대부분은 수동적인 활성화 기법에서 나왔다.

대학원 첫해에는 포토리딩 홀 마인드 시스템이 없었다. 남은 18개월 동안 나는 모든 것을 포토리딩으로 처리했다. 그 차이는 엄청났다. 나는 모든 과목에서 상위권을 차지했고 읽기 과제와 연구 보고서를 쉽게 마쳤다. 공부에서 오는 압박감은 사라졌다.

나는 포토리딩 초창기 때부터 학교에서 학생들에게 효과가 있다는 증거를 계속해서 목격해 왔다. 왜 그럴까? 학생들은 객관적으로든 주관적으로든 시스템을 사용하고 테스트하기 때문이다.

글머리
기호 (•)
읽기

만약 당신이 학교에 다니지 않는다면, 스스로 측정하고 확인해 볼 차례다. 포토리딩으로 직접 강력한 경험을 한번 해보라. 당신이 스스로 테스트할 수 있는 몇 가지 방법이 있다.

- 한 주 동안 모든 자료를 포토리딩하고 활성화하라. 그다

음 주에는 포토리딩 없이 평소 방식으로 읽어라. 둘 중 어느 주가 더 생산적이었는지 확인해 보라.

- 친구 집에서 그가 최근 읽은 책을 발견하면, 그 책이 읽을 가치가 있었는지 그리고 읽는 데 얼마나 걸렸는지 물어봐라. 책을 빌려 포토리딩의 다섯 단계를 사용해 기존의 10분의 1만큼의 시간(또는 덜 대담하다면 3분의 1의 시간) 동안 책을 읽어라. 그런 다음 친구와 그 책에 대해 이야기하되, 당신의 개인적인 테스트를 위해 진행하는 것이라고 말하지는 마라. 친구에게 당신이 책을 잘 이해했는지 판단해 보게 하라.

- 조용한 시간에 포토리딩을 할 때 뇌가 어떻게 반응하는지 주목해 보라. 감정적으로 강렬한 내용을 담은 소설을 선택하는 것이 좋다. 예를 들어 강렬한 로맨스 소설이나 스릴러 소설을 선택한다. 강한 감정은 본능적인 반응을 자극하기 때문이다. 방해 요소가 거의 없는 방으로 가서, 책에만 집중할 수 있도록 조명을 책에만 비추라. 방은 어둡고 조용하게 유지한다. 편안한 옷을 입고 쾌적한 실내 온도도 맞춰라. 비의식적 기억에서 떠오르는 것들을 최대한 쉽게 알아차릴 수 있도록 하기 위함이다. 잠시 시간을 내어 내면에서 떠오르는 이미지나 감정을 느껴보라. 그런

다음 포토리딩을 하며 떠오르는 생각(그림, 소리, 감정 등)을 알아차려라. 만약 강한 감정이나 이미지가 떠오른다면, 몇 페이지를 되돌아가 그 내용을 다시 읽어라. 그러고 나서 자신의 내적 경험이 책의 내용과 어떻게 일치하는지 비교해 보라. 휴가철에 스키를 타러 가는 생각이 떠오를 수도 있다. 그리고 책을 펼쳤을 때, 책 속의 등장인물들이 실제로 스키를 탄다는 것을 발견할 수도 있다.

- 포토리딩을 마친 후, 마무리 확언을 사용하고 나서 다시 당신 내면의 조용한 장면을 둘러보라. 내면에서 떠오르는 이미지, 소리, 감정에서 어떤 변화가 있는지 주목하라. 마음속에 떠오르는 그림을 그리거나 느끼는 감정을 표현하는 데 2분 정도를 사용하라. 그런 다음 책을 다시 훑어보며 당신의 경험이 책의 내용과 어떻게 일치하는지 확인할 수 있다. 또는 그 책을 아는 사람에게 당신이 경험한 것을 이야기하고, 그 사람이 책의 이야기를 설명하게 할 수도 있다.

- 비즈니스 미팅 전에, 미팅에서 논의할 주제와 관련된 다섯 권의 책을 미리보기하고 포토리딩하라. 이후, 미팅에서 당신의 성과가 평소와 어떻게 다른지 생각해 보라.

이 모든 테스트는 쉽고 리스크가 적다. 테스트를 이용해 당신은 포토리딩 홀 마인드 시스템을 사용하고 탐구할 수 있다. 이러한 방법을 놀이를 하듯 즐겁게 한번 시도해 보고, 인상 깊은 경험을 만들어 보라.

여기서 멈출 필요는 없다. 지금까지 소개한 단계를 확장할 수 있는 다양한 방법들이 더 있다. 나머지 장에서 포토리딩 응용 방법을 더 알아보라. 포토리딩 홀 마인드 시스템을 당신의 모든 독서를 위한 일상적인 스킬로 만들어라.

Tip) 5일 테스트를 진행하라

포토리딩을 성공적으로 할 수 있다는 확신을 얻고 싶다면, 지금부터 소개하는 테스트를 직접 해보라. 이 테스트로 포토리딩이 가진 힘을 확실히 알게 될 것이다. 또한 활성화 테크닉을 향상시키기 위한 5일간의 계획도 세울 수 있다. 30분 이하의 시간 투자로 포토리딩할 책에서 원하는 것을 얻는 데 도움을 받을 수 있다. 다음 계획을 빠짐없이 성실히 따라서 해보라.

1일 차

관심 영역의 책을 한 권 선택하라. 준비하기, 포토리딩을 진행하라.

2일 차

1일 차에서 고른 책으로 준비하기와 미리보기를 진행한다. 1분이 넘지 않게 하고, 이어서 포토리딩을 진행하라. 10~15분 동안 다시보기를 진행하라. 트리거 단어를 쓰고, 답하고 싶은 질문을 만들어라.

3일 차

준비하기와 포토리딩을 진행하라. 그런 다음, 슈퍼리딩과 디핑을 해 30분 안에 책 전체를 한 번 보라. 이해도를 걱정하지 않아도 괜찮다. 마지막으로, 트리거 단어를 검토해 어느 정도로 이해가 되는지 확인하라.

4일 차

준비하기와 포토리딩을 진행하라. 나머지 30분 동안 슈퍼리딩과 디핑 또는 스키터링 테크닉으로 책 전체를 읽어 나가되, 해당 세션을 끝까지 책을 다 읽을 수 있는 속도로 진행하라. 트리거 단어를 다시 확인하고, 추가적인 질문을 만들어라.

5일 차

준비하기와 포토리딩을 진행하라. 목차를 보고 추가적인 정보가 필요한 부분을 찾아라. 슈퍼리딩과 디핑 또는 스키터링을 해 세부 질문에 대한 답을 찾아라. 추가 질문은 없지만 정보를 좀 더 원한다면 래피드리딩을 진행하라. 마지막 10분은 마인드맵을 그리는 데 사용하라. 세부 내용은 제한해 단순하게 작업하라. 이 활동의 목표는 책 전체 내용을 마인드맵으로 작성하는 것이 아니다. 당신이 처음에 이 책을 선택한 목적에 관한 마인드맵을 만드는 것이다.

여기까지 진행하면 당신은 2시간 정도를 사용했을 것이다. 대부분의 사람들은 책의 내용이 머릿속에서 잘 정리되고 결합된다는 느낌을 받는다. 충분한 정보를 얻었고, 책을 잘 이해했다고 느낀다. 목표는 책의 내용을 100퍼센트 완벽하게 아는 것이 아니다. 일반적인 독서 방식으로도 내용을 전부 다 알기는 어렵다. '4일 차' 과정을 두 번 더 하고 싶을 수도 있겠지만, 아마도 당신은 책에서 필요한 모든 정보를 얻었을 가능성이 높다. 전체적으로, 전통적인 방식으로 책을 읽는 데 걸리는 시간의 3분의 1 정도의 시간에 독서를 끝내야 한다. 며칠 후 마인드맵을 다시 살펴보면서 자신이 책 내용을 얼마나 이해했는지 알아보면 흥미로울 것이다.

Tip) 자발적 활성화

이번 장에서는 가장 신뢰할 수 있는 활성화 방법인 수동적 활성화 방법을 중심으로 설명했다. 지금부터는 자발적 활성화를 여러 번 경험한 포토리더들의 비밀을 나누려고 한다. 그 비밀은 바로 하루에 3~5권 많게는 5~10권까지 포토리딩을 2~3개월 동안 꾸준히 이어가는 것이다. 이렇게 많이 포토리딩을 진행하면, 자발적 활성화를 경험할 수밖에 없다. 한 번 그 경험을 했다면 매일 포토리딩을 이어가라. 성공이 성공을 부른다는 것을 기억하라. 당신의 뇌는 더 많은 성공을 위해 작동하면서 자발적 활성화를 또 다시 경험할 것이다.

이렇게 많이 포토리딩을 진행하면, 포토리딩 시스템 전체가 습관처럼 자연스러워질 것이다. 또한 매주 한두 권의 책을 완전히 활성화하면, 수동적 활성화에 대한 자신감도 솟아날 것이다.

이번 장에서 배운 내용을 정리하면 다음과 같다.

- **활성화에는 두 가지 유형이 있다. 자발적 활성화와 수동적 활성화다. 이번 장에서는 수동적 활성화에 대해 다뤘다.**

- **명확한 목적과 강력한 질문은 활성화에 필수적이다.**

- **포토리딩과 다시보기를 한 후 최소 20분 정도, 이상적으로는 24시간을 기다린 후에 활성화하는 것이 좋다.**

- 슈퍼리딩과 디핑 기법은 당신의 관심을 끄는 부분을 빠르게 훑어보고, 당신의 질문에 답이 되는 특정 구절들을 읽는 것을 의미한다. 이는 핵심을 파악하는 방식이다.
- 저자가 내용을 풀어가는 방식이나 구조를 이해하면 슈퍼리딩과 디핑을 하는 데 도움이 된다.
- 스키터링은 더 세부적인 이해를 얻기 위한 활성화 기법이다. 각 문단의 첫 번째 줄을 리드미컬하게 읽고 나서, 눈을 무작위로 문단 나머지 부분으로 움직이며 첫 문장을 지지하는 단어와 구절을 찾아낸다.
- 마인드맵은 매우 시각적이고 공간 지각적인 방식으로 노트를 작성하는 방법이다. 이 방법은 홀 마인드를 사용해 자료를 활성화하는 데 도움이 된다.
- 래피드리딩은 복잡한 내용, 기술적 자료, 여가 독서를 다루기 위한 기술의 통합이다.

활성화 단계에서 진행하는 기법은 뇌를 자극해, 뇌가 이미 형성한 연관성을 불러일으킨다. 그 결과 독서 목적을 충족하는 데 필요한 정보를 의식적으로 얻을 수 있다.

포토리딩 스토리 4

한 변호사는 교차 심문 중에 전문가 증인에게 몇 가지를 질문했다. 하지만 자신이 왜 이런 질문을 하는지 명확히 알 수 없었다. 하지만 전문가 증인의 증언이 점차 무너지면서 그 이유가 분명해졌다. 변호사는 전날 저녁, 증인의 증언과 모순되는 사실이 담긴 책들을 포토리딩했던 걸 기억해 냈다. 의식 수준에서 변호사는 그 사실을 알지 못했다. 하지만 비의식 수준에서 그의 마인드는 그가 목표를 달성하는 데 필요한 가이드를 제공했다.

한 추리 소설 작가는 글쓰기 스타일, 기법, 대화, 묘사 등을 습득하기 위해 수십 권의 추리 소설을 포토리딩했다. 그의 글쓰기는 즉시 더 유려해졌다. 이후에 그는 에이전트에게 다섯 번째나 여섯 번째 버전을 보내지 않았다. 첫 번째나 두 번째 버전에서 완료되었기 때문이다.

한 테크 회사의 가상현실부서 기술 디렉터는 그가 찾을 수 있는 산업 관련 문헌을 전부 찾은 뒤 포토리딩했다. 그는 다수의 연구 논문을 작성해 국내에서 열린 여러 컨퍼런스에서 발표했다. 그가 발표한 내용은 동료들에게 높은 평가를 받았다.

한 배우는 대본을 먼저 포토리딩함으로써 대사를 더 잘 외울 수 있었다. 그녀는 포토리딩이 그녀가 맡은 배역을 더 잘 이해하는 데 도움이 됐다고 전했다.

한 대학교 교수는 포토리딩이 박사학위 논문 문헌 검토에 필요한 유용한 학술지를 선택하는 데 매우 도움이 됐다고 한다. 이것으로 그녀는 신속하게 필요한 자료를 걸러내고 중요한 자료에 집중할 수 있었다.

프랑스어를 배워야 했던 한 사업가는 브뤼셀의 벌리츠학교에서 프랑스어 수업에 참석하기 전 2주 동안 영어-프랑스어 사전을 반복해서 포토리딩했다. 수업이 진행되는 동안에는 매일 저녁 교재와 사전을 포토리딩했다. 수업 3일 만에 그녀는 두 번째 책으로 진도를 나갔다. 학교 관계자들은 그녀가 이전 최우수 학생보다 2.5배 정도 뛰어난 성과를 냈다고 말했다.

한 보험 세일즈맨은 시험 공부할 시간이 충분하지 않았다. 그에게 시험 준비는 항상 어려웠다. 그는 포토리딩 홀 마인드 시스템을 사용하면서 "최악의 경우에 떨어지면, 다시 시험을 치르면 되는 거죠."라고 말했다. 결과는 어땠을까? 합격이었다.

한 사무 관리자는 잘못 분류된 문서 파일을 찾아내는 것이 매우 쉬워졌다고 말했다. "포토리딩 상태에 들어가면, 서랍에서 파일이 튀어나오는 것처럼 느껴져요."

한 회계 담당자는 스프레드시트에서 데이터 처리 능력이 상당히 향상됐다고 말했다. 그녀는 프로그래밍 명령어와 오류를 감지하는 것이 더 쉬워졌다고 했다.

14년 동안 집에서 아이를 돌보며 경력이 단절됐던 한 여성은 구직 계획의 일환으로 포토리딩을 배웠다. 그녀는 곧 의료기술 회사에 채용됐고 네 번 승진했다. 그녀는 엄청나게 빠르게 성장한 것과 꿈의 직업을 얻게 된 것은 포토리딩 덕분이라고 말한다. 처음에 그녀는 '블립 페이지'조차 볼 수 있을지 의문을 가졌다. 하지만 첫 30일 동안 100권의 책을 포토리딩한 후, 활성화하지 않았음에도 관련 내용을 점점 더 명확하게 인식하기 시작했다. 그녀는 포토리딩 방식으로 구직과 이력서 작성 관련 서적을 읽기 시작했고, 행정 보조원으로 일자리를 얻었다. 이후 데이터베이스 프로그래밍 자료로 이동했고, 곧 임상 감독관으로 승진했다. 그 다음에 그녀는 인사관리에 대한 책을 포토리딩하기 시작했다. 그녀는 프로젝트 시범 책임자로 승진했고, 이어서 프로젝트 관리 및 팀 빌딩 관련 서적과 회사 제품에 대한 전문 서적을 읽기 시작했다. 그녀는 새로운 고위직 레벨의 직급에서도 계속해서 포토리딩을 사용한다. "제 성공의 20%는 운 덕분이고, 80%는 포토리딩 덕분이에요. 제 수입은 200%나 올랐어요!"

미국 공군의 시스템 매니저는 컴퓨터정보시스템관리 학위를 취득하기 위해 포토리딩을 사용했다. 그는 인문학, 사회과학, 세계 종교 등의 과목에서 15학점 분량의 시험을 일주일 동안 치렀다. 일주일 동안 해당 과목에 대한 수업을 듣지 않고 공부했다. 졸업을 위해서는 이 시험들을 통과해야 했기 때문에, 그의 학습 동기는 매우 높았다. 그는 각 과목의 시험을 치르기 며칠 전마다, 주제에 대한 여섯 권의 책을 포토리딩했다. 그 결과 15학점을 취득했을 뿐만 아니라, 시험에서 평균 B+ 학점을 받았다. 그가 받은 B+학점은 한 학기 동안 수업을 들은 학생들의 평균보다 높은 점수였다. 그는 이제 장교로 임관하기 위해 포토리딩을 사용한다.

제3부

스킬 개발 및 통합하기

8장

포토리딩 홀 마인드 시스템을 삶의 일부로 만들기

이제 시스템의 각 단계에 익숙해졌으니, 이 책에 적용할 수 있다. 아직 해보지 않았다면 지금 적용해 보라. 다음은 진행 방법에 대한 제안이다.

글머리 기호 (•) 읽기

- 이 책이 현재 삶의 목표에 도움이 된다는 것을 알고, 독서의 명확한 목적을 세운 후 이상적인 마인드 상태에 들어간다.

- 책의 목차를 살펴보며 1분 동안 미리보기한다.

- 5장에서 설명된 절차에 따라 이 책을 포토리딩한다. 페이지를 2초마다 넘기며 5분 이내로 포토리딩할 수 있다. 끝난 후에는 확언을 하며 잠시 휴식을 취한다.

- 가능하다면 잠시 일어나 짧은 휴식을 취한다. 다시 돌아와서 다시보기를 진행한다.

- 책을 가지고 놀이를 하듯이 편안하게 구조를 파악하고, 트리거 단어를 적고, 질문을 만든다. 슈퍼리딩과 디핑 또는 스키터링으로 활성화한다. 책의 남은 장들을 활성화하는 데 집중한다. 여기에 쓰는 시간은 20분에서 30분을 넘기지 않는다.

- 첫 번째 활성화 세션 동안 진행한 모든 내용을 검토하고 요약하며, 책 전체에 대한 한 페이지 마인드맵을 작성한다.

- 이런 고급 독서 전략을 일상에서 적용할 수 있는 능력을 확언하는 데 1분을 할애하라. 이건 당신의 독서 방식을 영원히 바꿀 수 있는 행동이다.

- 이 책의 마지막 부분을 래피드리딩으로 마무리한다. 매우 유연한 기술인 래피드리딩을 사용해 얼마나 빨리 독서가 향상됐는지 알 수 있다.

다섯 가지 시간 관리 전략

시간과 독서 자료를 잘 정리하면 포토리딩 홀 마인드 시스템의 활용도를 높일 수 있다. 다음 전략을 사용해 그 이점을 발견해 보라.

1) 독서 우선순위를 정한다

독서 자료를 세 가지 우선순위로 나눈다. A는 긴급한 사항, B는 중요하지만 긴급하지 않은 사항, C는 버려도 되는 항목이다. A 항목부터 포토리딩 홀 마인드 시스템을 사용해 시작한다.

2) 문서는 한 번만 다룬다

처음 읽을 때 각 문서를 어떻게 처리할지 결정한다. 메모나 문서에 바로 기록한다.

3) 항상 독서 자료를 가지고 다닌다

대기할 때 독서한다. 일정과 일정 사이에 5분이나 10분 정도를 사용해 홀 마인드 시스템으로 얼마나 많은 것을 할 수 있는지 보고 놀라게 될 것이다.

4) 중요한 모든 것을 미리본다

무언가를 특별히 하지 않더라도, 최소한 문서를 정리하거나 보관하기 전에 30초 동안 미리보기한다.

5) 언제든 포토리딩 홀 마인드 시스템을 사용한다

모든 자료를 포토리딩한다. 분기별 업계 주요 저널이 도착하거나 주간지가 오면 포토리딩한다. 잠시 동안 시간을 내서 편안한 상태에 들어가고, 포토포커스 상태에 들어간 이후 책장을 넘긴다. 지금 활성화하지 않더라도 포토리딩으로 뇌에 정보를 노출하는 것은 미래에 도움이 된다.

포토리딩 홀 마인드 시스템을 항상 사용하라

포토리딩은 모든 자료에 적용할 수 있다. 여기에는 편지, 이메일, 메모, 웹페이지, 블로그, 소셜 미디어 콘텐츠, 신문, 전문지, 학술지, 잡지, 소설, 교과서, 전공 서적, 기술 자료(매뉴얼) 등 일상생활에서 접하는 모든 텍스트가 포함된다. 독서 시스템을 전략적으로 적절하게 적용하면 일상에서 글을 읽는 시간을 크게 줄일 수 있다.

글머리 기호 (•) 읽기

- **일간 신문**
  매일 몇 분만 투자해도 신문을 매우 빠르게 읽어내는 강력한 추진력이 생긴다. 대부분의 신문에는 제목, 부제목, 기사 첫 문단에 관련 정보를 90퍼센트 이상 넣는다. 이 사실을 활용해 뉴스를 효율적으로 파악할 수 있다.

  신문 전체를 포토리딩하는 것으로 시작한다. 신문을 책상이나 선반 위에 놓고 서서 포토포커스를 위해 신문의 중앙에 시선을 맞춘다. 그 후 목적이나 필요에 따라 눈길을 끄는 제목을 확인한다. 읽을 만한 가치가 높은 기사 3~5개를 선택해, 30초씩 미리보기를 진행한다. 더 많은 정보가 필요하면 슈퍼리딩과 디핑으로 핵심 개념을 포착한다. 대부분 오늘의 뉴스는 어제 미리보기가 됐고 내일 결론에 이른다. 포토리딩 홀 마인드 시스템을 사용해 관련 정보를 빠르게 찾아내고, 빠르게 습득한 후 넘어간다. 하루가 끝날 때 신문에서 더 자세히 읽고 싶은 것이 있는지 확인한다. 이렇게 하면 필요한 정보를 얻었다는 점에서 자신감이 커질 것이다.

- **잡지**

  자유롭게 접근하라. 원한다면 뒤에서부터 앞으로 훑어보아도 괜찮다. 원하는 정보를 담은 콘텐츠를 찾아 포토리딩한 후, 각 내용을 다시보기한다. 다시보기는 긴 내용이라도 3분을 넘기지 않도록 제한한다. 슈퍼리딩과 디핑 또는 스키터링으로 원하는 핵심 개념을 습득한다. 10페이지 내외의 콘텐츠는 5분 안에 활성화할 수 있다. 짧은 내용은 더 빨리 끝낼 수 있다. 필요한 모든 정보를 다 얻고 난 후, 더 필요한 것이 있는지 결정한다.

- **전문지**

  전문지와 학술지는 잡지와 교과서를 읽는 전략을 혼합한 방식으로 읽는다. 내가 선호하는 방법에는 목차 미리보기를 포함한다. 전문지 전체를 포토리딩한 후, 몇 분 동안 다시보기를 한다. 그리고 어떤 글이 더 많은 시간을 투자할 가치가 있는지 결정한다. 글의 중요도에 따라 순위를 매기고 가장 중요한 글부터 활성화를 시작한다. 출판물에 초록이나 요약이 있다면 그것을 래피드리딩으로 읽고 내용을 간단히 미리 본다. 슈퍼리딩과 디핑으로 활성화를 마무리하거나, 필요한 정보를 얻기 위해 스키터링을 할 수도 있다. 향후 참고하거나 기억할 필요가 있으면 마인드맵을 그린다.

- **소설**
  어떤 독자들은 영화를 보는 것만큼이나 책 읽는 것을 즐긴다. 나도 홀 마인드로 온전히 몰입하면 소설 읽기가 영화보다 더 흥미롭다는 걸 알았다. 귤 기법으로 주의 집중점 위치를 고정하고 이상적인 마인드 상태로 들어갈 준비를 한다. 그다음에는 이야기를 미리보기 하며 중요한 인물, 장소, 사물의 이름을 찾아본다. 그러고 나서 포토리딩한다. 물론 이렇게 해도 결론을 미리 알게 되는 '스포일러'는 당하지 않는다. 포토리딩 후에는 래피드리딩을 진행한다. 스토리 자체를 즐기기 위한 독서 목적에서 슈퍼리딩과 디핑 테크닉은 거의 사용하지 않는다.

- **교과서 또는 기술 매뉴얼**
  미리보기 후 포토리딩하는 전략으로 시작한다. 먼저 활성화하고 싶은 장이나 주요 섹션을 결정한다. 활성화 단계는 얼마나 많은 내용을 의식적으로 기억하고 싶은지에 따라 선택한다. 나는 보통 각 장 끝에 있는 요약 질문에서 시작해 나만의 질문을 만들어 낸다. 목적이 분명하고 질문이 잘 정리되면, 슈퍼리딩과 디핑 또는 스키터링을 사용해 필요한 정보를 모을 수 있다. 더 깊이 이해해야 할 특정 부분이 없다면 래피드리딩을 생략할 수 있다. 당신이 만약 학생이거나 직업 개발 또는 지속적인 학습을 위해 다시 공부하는 전문가라면, 곧 나올 '홀 마인드로 공부하기'라는 제목의 섹션을 읽어라.

이메일, 웹페이지, 블로그, 소셜 미디어, PDF, 전자 파일

한 임원은 매일 밀려오는 정보의 홍수에 대해 한탄했다. "하루나 이틀 동안 자리를 비우면, 수신함에 100통이 넘는 이메일이 쌓여 있어요!" 또 다른 임원은 포토리딩 홀 마인드 시스템을 사용하면서, 페이지당 10초도 안 걸려 이메일을 소화하고 회의에 완벽하게 준비된 상태로 들어갈 수 있었다며 자랑했다. "이제 포토타이핑 수업이 필요하겠네요!"

연구에 따르면 사람들은 인쇄된 자료를 읽을 때보다 컴퓨터 화면에서 읽을 때 25퍼센트 더 느리게 읽는 것으로 나타났다. 과거에는 인터넷 전송 속도가 정보 전달에서 가장 큰 문제였다. 이제는 화면에서 정보를 파악하고 처리하기 위해 뇌에 전달하는 것이 가장 큰 챌린지가 됐다. 포토리더들은 낮은 해상도, 저품질의 글, 부적절한 자료 구성 등의 문제에도 속도를 늦추지는 않는다. 포토리딩 홀 마인드 시스템으로 뇌를 훈련해 의미의 단위를 빠르게 찾아내고, 각 단어나 문장에 집중하지 않으면서도 목적에 맞게 대응한다. 이 방식으로 디지털 기기에서도 시간을 낭비하지 않고 효율적으로 정보를 처리할 수 있다.

짧은 문서, 웹페이지, 이메일 등에서는 미리보기 후 래피드리딩을 사용하는 것이 가장 적합하다. 더 긴 글이나 자료에는 홀 마인드 시스템 전체를 사용하는 것이 좋다. 디지털 화면에 빠르게 표시되는 속도는 포토리딩에 흥미로운 차원을 더해 준다. 10만에서 100만 단어 분량을 1분에 포토리딩하는 것은 드문 일이 아니다.

인터넷에는 무수한 책과 자료가 있다. 다양한 책과 자료를 데스크탑, 랩톱, 모바일 기기 등에서 포토리딩할 수 있다. 영국의 한 방송사가 제작해 〈더 러닝 채널The Learning Channel〉에서 방영된 프로그램에서는, 진행자 폴 맥케나Paul McKenna가 인터넷에서 소설을 포토리딩하는 모습을 보여줬다. 그와 다른 사람들은 1분에 최대 100만 단어를 포토리딩했고, 70퍼센트 이상의 이해도로 질문에 답했다.

글머리 기호 (•) 읽기

디지털 문서를 읽으려고 할 때도 일반 책을 읽을 때와 동일한 결정을 한다. 목적 설정, 미리보기, 포토리딩, 다시보기, 질문 만들기, 슈퍼리딩과 디핑, 스키터링, 래피드리딩을 수행할지 결정한다. 하지만 디지털 기기에서 빠른 속도로 인해 진행 방식이 약간 달라질 수 있다. 다음의 수정 사항들을 고려해 보자.

- **포토포커스**

    디지털 자료는 보통 책처럼 양쪽에 두 페이지가 나란히 배열되지 않기 때문에, 블립 페이지를 볼 수 없는 때가 많다. 이럴 땐 주변 시야를 확장해 화면의 네 모퉁이를 모두 볼 수 있도록 하고, 눈을 부드럽게 한다. 경험이 부족한 포토리더라면 5장에서 설명한 대체 포토포커스 전략을 따르는 것이 좋다. 글이 빠르게 표시될[flash] 때, 화면 중앙을 부드럽게 응시하는 것이 포토리딩 단계에서 가장 좋은 전략이다.

- **페이지 넘기기**

    컴퓨터에서는 넘길 페이지가 없기 때문에 이 작업은 빠르고 쉬워진다. 텍스트를 스크롤하는 것은 두뇌를 혼란스럽게 만들기 쉽기 때문에, 키보드에서 '페이지 다운(page down)' 과 '페이지 업(page up)' 키를 사용하는 게 좋다. 큰 파일은 워드 프로그램으로 옮겨서 위 키를 사용해 조작할 수 있도록 만드는 것이 포토리딩하기에 적합하다. 그런 다음 시스템의 다른 단계를 진행하기 위해 스크롤 기능을 사용한다.

홀 마인드로 공부하기

포토리딩 홀 마인드 시스템은 한 학기 동안 독서를 하는 데 완벽한 전략을 자연스럽게 만들어 낸다. 학기가 시작되는 첫날에 모든 과목의 책을 미리보기와 포토리딩을 한다고 상상해 보라. 밤새 꿈꾸는 동안 당신의 필요와 목적에 따라 자료가 검토되고 구성된다.

수업을 시작하기 전에 수업을 듣는 목적을 결정한다. 책 전체의 목차를 미리보기 하고 책을 포토리딩한다. 만약 당신에게 어려운 주제라면, 매번 다른 목적을 가지고 첫 몇 주 동안 같은 텍스트를 여러 번에 걸쳐 포토리딩할 수 있다.

교과서를 포토리딩할 때는 먼저 각 장을 미리보기한 이후 포토리딩을 한다. 그리고 앞뒤로 각각 한두 장을 추가로 포토리딩한다. 예를 들어 3장과 4장이 오늘 나갈 진도이거나 주로 다룰 과제라면, 그 장의 내용을 미리보기하고 2장부터 5장까지 포토리딩을 진행한다. 각 장의 끝에 나와 있는 요약 부분과 질문은 리드미컬한 정독을 한다. 해당 테스트에 관한 답은 슈퍼리딩과 디핑으로 찾는다.

수업에 참석할 때, 당신은 자연스럽게 각 장의 내용을 자발적으로 활성화하게 된다. 강의 중에 마인드맵을 만들어 모든 수업 노트를 정리한다. 전체 강의를 즉시 복습하려면 여러 개의 마인드맵을 가져와서 하나로 결합한다. 독서 과제에서 필요한 다른 것이 있는지 확인한다. 특정 정보가 필요할 때는 슈퍼리딩과 디핑으로 해당 내용을 찾는다. 불확실한 느낌이 있거나 각 장에서 좀 더 공부하고 싶은 부분이 있다면 스키터링이나 래피드리딩 기법을 사용한다. 특정 사실, 공식, 정리, 역사적 사건처럼 암기해야 할 내용은 마인드맵으로 만들어라.

리포트를 작성할 때는 11장에서 설명하는 신토픽리딩 방식을 사용한다. 리포트 주제와 관련된 수십 권의 책을 미리보기하고 포토리딩할 수 있다. 그런 다음 가장 중요한 글에서 슈퍼리딩과 디핑으로 필요한 핵심 개념을 얻는다. 마인드맵을 이용해 초안을 작성하고 리포트를 작성한다.

시험 공부를 할 때, 마인드맵을 검토하고 과제를 포토리딩해 몰입 상태에 들어간다. 그런 다음 시험 범위에 해당하는 장을 복습하기 위해 래피드리딩을 사용한다. 시험 전날 밤에는 〈메모리 슈퍼차저Memory Supercharger〉 패럴리미널을 듣는다.

이러한 강력한 학습 기술을 사용하면 학습이 훨씬 더 쉽고 즐거워져 스스로 놀랄 것이다. 한 포토리더는 인문학 수업에서 한 학기 동안 아홉 권의 책을 읽어야 했다. 리포트 작성을 위해 포토리딩 시스템을 활용해 600페이지가 넘는 책 중 하나를 읽었다. 책에 쓴 시간은 30분도 채 걸리지 않았으며 A를 받았다. 그녀는 이 과목에서 학기 전체에서 A 학점을 받았으며, 이 시스템을 활용해 책 읽기에 총 두 시간 정도만 투자했다고 말했다.

이 이야기를 믿기 어렵다면 스스로 증명해 보라. 공부할 때 아래 과정에 따라 실험해 보라. 핵심 중 하나는 20분에서 30분 단위로 공부하는 것이다. 이 시간에는 정신적인 준비와 신체적으로 짧게 쉬는 것도 포함한다. 집중력과 기억력이 올라가며, 더 잘 기억하는 효과가 있다.

1. **공부할 때 활용할 모든 읽기 자료를 준비한다.** 그것들을 눈앞에 둔다.

2. **3분에서 5분 정도의 시간 동안, 공부 목적을 명확히 하고 이상적인 마인드 상태로 들어간다.** 공부 목적을 말할 때는 이번 공부 시간 동안 원하는 결과를 생각한다. 학습을 위한 이상적인 상태에 들어가고 확언을 반복한다. 확언은 현재형으로 말한다. 예를 들면 아래와 같다.

   - "나는 내일 수업 준비를 위해 물리학 교재의 5장과 6장을 흡수할 준비가 돼 있으며, 해당 장 끝에 있는 질문들에 답할 수 있다."

   - "나는 20분 동안 완전히 깨어 있는 상태이며 애쓰지 않는 편안한 집중 상태로 공부한다."

   - "공부를 마쳤을 때, 상쾌하고 편안하며 자신감이 생긴다."

- "오늘 공부한 내용을 떠올려야 할 때, 나는 편안하게 긴장을 푼다. 공부했던 정보는 내 마인드에서 자유롭게 흐르고, 나는 내가 원하는 정보를 쉽게 떠올린다."

3. **편안한 각성 상태에서 공부를 시작한다.** 자료를 간단하게 미리보기하고 나머지 20분 동안 포토리딩, 활성화하기 또는 래피드리딩을 목적에 맞게 조합해 사용한다. 방해 요소 없이 집중한다.

4. **5분간 휴식을 취한다.** 휴식은 필수다. 공부하는 공간에서 완전히 벗어나, 육체적으로나 정신적으로 쉬는 시간을 갖는다. 집중력이 좋아서 몇 시간 더 공부할 수 있을 것 같아도 반드시 쉬어라! 당신은 20분이라는 시간 약속에 관해 확언했다. 그러므로 그 약속을 지켜라. 이 휴식은 자기 신뢰를 키우는 것뿐만 아니라 뇌가 공부한 내용을 흡수하고 기억하며 떠올리는 데 도움을 준다.

5. **2단계로 돌아가서 이 사이클을 두 번 더 반복한다.** 그런 다음, 다음의 세 번의 학습 사이클을 시작하기 전에 15분간 휴식을 취한다.

공부할 때 기분 좋은 음악을 틀어놓으면 이완에 도움이 된다. 연구에 따르면 클래식 같은 편안한 음악은 학습 중 뇌에 영향을 미칠 수 있다고 한다. 〈퍼스널 지니어스^{Personal Genius}〉 패럴리미널은 공부 전에 매우 유용하다. 이는 자신감을 높여주고, 신체와 마인드를 훈련시켜 이상적인 학습 상태에 들어가도록 돕기 때문이다. 〈메모리 슈퍼차저^{Memory Supercharger}〉 패럴리미널은 공부 후에 학습을 강화하고, 시험 전에 들으면 원활한 기억을 하도록 돕는다.

홀 마인드로 시험 치르기

포토리딩 홀 마인드 시스템으로 공부한 자료로 시험을 치를 때는 다음의 팁을 따르라.

- **편안한 각성 상태로 들어간다.**
- **모든 질문을 포토리딩한다.** 그 후 첫 번째 질문을 읽는다.
- **쉽게 답할 수 있는 질문부터 답한다.** 현재 순간에 집중한다. 이전 질문에 대한 생각이나 다음 질문에 대한 기대감은 모두 내려놓는다.
- **질문을 읽고도 답이 떠오르지 않으면, 그것을 내려놓고**

다음 질문으로 넘어간다. 이전 질문에 대한 답을 찾으라는 요청은 이미 당신의 뇌에 전달된 상태다. 쉽게 답할 수 있는 모든 질문에 답한 후, 넘어갔던 질문들을 다시 읽는다. 두 번째 읽기는 그 요청을 강화시켜 적절한 답이 의식에 떠오르게 도와준다.

- **깊은 마인드가 보내는 신호를 알아차린다.** 시험 질문에 정확하거나 적절한 답을 가졌다는 신호를 마인드가 보내준다. 질문을 너무 과하게 분석하는 대신 직관적 신호를 주의 깊게 관찰하라. 예를 들어 신호등을 상상해 보라. 초록불은 '가라'는 것을 의미하고, 노란불은 '아마도 답을 알지만, 신중하게 진행하라'를 의미한다. 빨간불은 '멈춰라, 이 질문에 우선은 답하지 말라'를 의미한다.

- **잘해야 한다는 압박감을 내려놓는다.** 단일 시험의 결과는 시간이 지나면 그 중요도가 점차 줄어든다. 대부분 강한 압박은 좌절만을 초래한다. 너무 강하게 얻고자 하는 집착을 내려놓으며 필요한 것을 얻어라.

- **시험을 볼 때, 여러 번 멈추고 깊이 숨을 들이쉬며 이완한다.**

- **시험 전날 밤에는 이완과 학습, 기억력 증진을 돕는** 〈메모리 슈퍼차저 Memory Supercharger〉나 〈퍼스널 지니어스 Personal Genius〉와 같은 **음성 파일을 듣는다.**

당신의 스킬을 통합하라

당신은 포토리딩을 할 수 있는 뇌를 타고났다. 그렇다고 해서 포토리딩 홀 마인드 시스템의 세부 스킬을 가지고 태어난 것은 아니다. 후천적으로 익힌 이 시스템을 사용해야 한다. 그래야 그것들이 통합돼 당신의 두 번째 천성으로 자리잡을 수 있다.

이 시스템에 포함된 포토리딩과 다른 단계들은 피아노 연주나 컴퓨터 기술 같은 방식으로 학습된다. 새로운 기술을 습관으로 만들고 싶다면, 미네소타대학교의 데이비드 W. 존슨^{David W. Johnson}과 메릴랜드대학교의 프랭크 P. 존슨^{Frank P. Johnson} 같은 학습 전문가들이 제시한 전략을 따르라. 포토리딩 홀 마인드 시스템의 기술을 배우는 데 그들의 접근 방식을 아래와 같이 적용할 수 있다.

- **포토리딩 홀 마인드 시스템이 왜 중요하고, 당신에게 어떤 가치를 제공할지 이해하라.** 어떠한 기술을 배우려면 필요성을 느껴야 한다. 당신의 의지는 모든 것을 결정한다. 이와 같은 기술과 그 덕분에 얻을 결과를 원하라.

- **독서 시스템을 활용해 얻을 결과를 이해하고 세부사항을 숙달하라.** 포토리딩 홀 마인드 시스템을 사용하면 주어진 시간 내에 필요한 이해 수준으로 독서를 완료할 수 있다. 이 독서 시스템은 준비하기, 미리보기, 포토리딩, 다시보

기, 활성화하기 이렇게 다섯 단계로 구성된다. 각 단계는 순서대로 진행한다. 단계를 제대로 숙지할 수 있도록 여러 번에 걸쳐 각 단계와 순서를 익힌다.

- **숙련자의 시연은 실력 향상에 도움을 준다. LSC 공인 지도자가 진행하는 포토리딩 세미나와 수업, 포토리딩 온라인 과정은 각 단계별로 차근차근 세부사항을 점검하고 수행하는 데 도움을 준다.** 어떤 기술을 습득하고 싶은 지 알면, 멘탈 리허설과 전문적인 연습으로 빠르게 그 기술을 습득할 수 있다. 〈뉴 비헤이비어 제너레이터New Behavior Generator〉라는 패럴리미널 음성 파일은 학습에 대한 장벽을 없애고, 새로운 기술을 일상 행동으로 만드는 데 도움이 된다.

- **가능한 상황에서 반복적으로 활용하라. 기술은 반복에 반복을 거듭해 숙달의 영역에 도달한다.** 매일 다양한 환경에서 짧은 시간 동안이라도 배운 기술을 사용해 보라. 〈빌리프Belief〉 또는 〈포토리딩 액티베이터PhotoReading Activator〉 패럴리미널 음성 파일은 포토리더로서 능력과 당신의 안전지대Comfort zones를 벗어나 자신감을 키우는 데 도움을 준다.

- **다른 사람에게 당신이 얼마나 잘 수행하는지 알려달라고 요청하라.** 목표를 향해 나아가는 데 피드백은 필수다. 포

토리딩 세미나와 온라인 과정에서는 포토리딩할 수 있도록 안내한다. 또한 다양한 활성화 방법을 탐색하며, 평가를 제공해 진전 사항에 대한 피드백을 받을 수 있다.

- **끈기를 유지하라.** 그리고 계속하라! 무언가를 숙지할 때는 리듬이 있다. 학습 초기에는 천천히 배우는 시기가 있고, 그 이후에는 빠른 향상 시기가 찾아온다. 그 이후에는 실력이 잠시 멈춘 것 같은 시기가 온다. 이와 같은 정체기는 어떠한 기술을 익힐 때 매우 흔하게 겪는 시기다. 만약 정체기라 느껴진다면, 기술을 계속 사용하기만 하면 곧 빠른 향상의 시기가 오리라는 것을 기억하라. 〈오토매틱 파일럿 Automatic Pilot〉 패럴리미널은 어떤 기술이든 효과적으로 사용할 수 있도록 촉진한다. 이는 자기 파괴적인 행동을 없애고 목표를 더 쉽게 달성하도록 돕는다.

- **당신의 학습을 성공으로 이끌라.** 포토리딩 홀 마인드 시스템 활용 능력을 키우면서 마스터를 위해 쉽게 적용할 있는 방법을 추가해 나간다. 예를 들어 스톱워치를 사용해 볼 수 있다. 신문을 평소대로 읽는 데 걸리는 시간을 스톱워치로 측정한다. 그리고 하루가 지난 이후에는 5분을 단축시킨다. 미리보기, 슈퍼리딩과 디핑 또는 스키터링을 사용해 목표를 달성한다.

- **포토리더들에게 기술 사용을 격려해 달라고 요청하라.** 포토리딩 세미나에 참석하면 다른 포토리더들과 함께할 수 있다. 포토리딩을 잘 사용하기 위한 가장 좋은 네트워크는 세미나에 함께 참석한 사람들이나 온라인 과정을 밟는 사람들이다. 포토리딩에 관한 아이디어를 다른 포토리더들과 공유하고, 그들이 당신을 응원하게 하라. 글로벌 포럼으로는 www.LearningStrategies.com/forum이 있다.[14]

- **자연스러워질 때까지 사용하라.** 기술을 사용할수록 더 자연스러워진다. 처음에는 자신을 의식하거나 어색하다고 느낄 수 있다. 어떤 방법을 그저 따라가기만 한다고 느껴질 수 있다. 새로운 기술을 익힐 때 겪는 어색함이 발목을 잡게 만들지 말라. 배움에서 이런 어색함은 자연스러운 과정이다. 키보드를 타이핑할 때, 자연스럽게 느껴질 때까지 기다렸다가 그런 느낌이 들 때만 사용하지는 않는다. 기술을 사용하는 과정에서 초반의 불편한 과정을 지나고 나서야 비로소 기술을 습득할 수 있다.

---

[14] 국내에서는 폴리매스랩 네이버 카페(cafe.naver.com/polymathlab)에서 포토리딩 관련 게시판이 그 역할을 담당한다.

이번 장을 정리한다. 이 책에 제시된 기술을 적용하는 것은 당신에게 달렸다. 당신의 목적을 달성하기 위한 방식으로 책에 나온 기술을 활용하라. 당신은 홀 마인드 리딩을 마스터하고 싶은가? 그렇다면 다음의 세 가지 제안을 따르라. 첫째, 사용하라. 둘째, 사용하라. 셋째, 사용하라.

인위적으로 따로 시간을 떼어 '연습 시간'을 만들지 마라. 이렇게 뭔가를 하려고 별도로 애를 쓰면 그 시간이 지루해질 수 있다. 당신에게는 이미 읽고 싶고, 읽어야 할 자료가 있다. 여기에 포토리딩 홀 마인드 시스템을 사용하라! LSC 공인 포토리딩 지도자가 진행하는 세미나에 등록하거나 그가 진행하는 온라인 과정에 등록할 수도 있다. 그동안 집에 쌓인 책 더미를 파고 들어라.

포토리딩 홀 마인드 시스템을 활용할 방법을 선택하라

이 장을 마치기 전에 한 가지 생각을 해보라. 당신이 매일같이 읽어야 하는 자료들을 생각해 보라. 사내 보고서, 전문지, 교과서, 전공 서적, 인터넷 게시글, 디지털 콘텐츠, 이메일 등이 떠오를 것이다. 각 자료를 읽는 당신의 목표를 달성하기 위해, 포토리딩 홀 마인드 시스템을 활용하라.

이 기술을 언제, 어떻게 사용할지 상상해 보라. 아침 신문이 집 앞에 도착했다. 그리고 당신은 신문의 헤드라인과 사진 캡션을 스캔하듯이 빠르게 보며 미리보기를 한다. 이와 같은 당신의 모습을 상상해 볼 수 있다. 배운 테크닉을 사용할 구체적인 시간과 장소를 정하라.

포토리딩 홀 마인드 시스템은 무궁무진한 방식으로 응용할 수 있는 도구다. 당신은 이미 몇 가지 예시에 관해 살펴봤다. 다음 장에서는 또 다른 응용법을 당신의 독서 레퍼토리에 추가해 보라.

9장
그룹 활성화로 정보 공유하기

나는 많은 직장인과 사업가에게 그들이 일터에서 마주할 수밖에 없는 두껍고 보기 싫은 문서들에 대한 불평을 듣는다. 예를 들어 제품 스펙이 기재된 매뉴얼, 제안서, 출력물 더미, 장비 기술 매뉴얼, 소프트웨어 매뉴얼 등이다. 내가 포토리딩 기법을 포함한 읽기 방법을 제안할 때, 이들의 눈이 더 나은 기대감으로 반짝이는 것을 느낀다.

IDS/아메리칸 익스프레스 미니애폴리스에서 처음으로 포토리딩을 소개했을 때, 세미나 참가자들은 정보 시스템 및 데이터 처리 업무를 담당하는 부서 소속이었다. 세미나를 진행한 이후에 여러 참가자들이 내게 다가왔다. 그중 한 사람이 보고서 더미를 들고 "이 세미나는 정말 흥미로웠어요. 그런데 이런 실제 업무 문서에는 이 독서법을 어떻게 적용할 수 있나요?"라고 말했다. 그는 보고서 더미를 책상 위에 쿵 소리와 함께 내려놓았다. 쿵 소리와 문서 더미로 인해 살짝 놀랐지만, 나는 그에게 다음 세션에서 어떻게 응용할 수 있을지 다룰 것이라고 말했다.

그날 오후, 나는 책상을 정리하고 첫 번째 문서를 꺼냈다. 파란색 표지의 컴퓨터로 쓴 보고서였다. 나는 그것을 책상 위에 올려두고 표지에 적힌 내용을 읽었다. 'CATS 비정기 지출, 시스템 외부 사양서'라고 쓰여 있었다. 내 뇌는 즉시 과부하가 걸려 멈췄고, 다음 세션에서 가르쳐야 한다는 생각에 심장이 빠르게 뛰기 시작했다. 나는 조롱과 수치심을 느낄 것 같았고, 손바닥에서는 땀이 났다. 나는 '문서 쇼크' 상태에 빠졌다.

나는 멍하니 표지를 열고 목차를 읽으려고 해봤다. 아무것도 이해되지 않았다. 완전 횡설수설이었다. 나는 공황 상태에 빠졌다.

거의 본능적으로 모든 것을 멈추고 깊게 숨을 쉬며 '마인드 리소스 레벨'에 들어갔다. 나는 눈을 뜨고 포토포커스 상태로 들어가, 보고서를 포토리딩했다. 한 번은 바로 보고, 다음 한 번은 문서를 거꾸로 들고 포토리딩했다. 포토리딩을 한 후, 나는 눈을 감고 마무리 확언을 했다.

그러고 나서 놀라운 일이 일어났다. 나는 눈을 뜨고 다시 목차를 살펴봤다. 놀랍게도, 모든 것이 이해되기 시작했다. 나는 보고서를 다시보기했고 문서 전체 구조, 포함된 정보, 목적과 도출된 결론을 분명하게 알 수 있었다. 나는 슈퍼리딩과 디핑을 했고, 몇 분 만에 데이터 처리 관리자들이 이 보고서에서 알아야 할 것들을 정확히 알게 됐다. 환상적이었다!

나는 마치 사탕 가게에 들어간 어린아이처럼 다른 문서도 신나게 살펴봤다. 하나의 문서를 충분히 이해하고 토론할 수 있는 수준으로 읽는 데는 11분에서 13분 정도가 걸렸다.

다음 세션에서의 내 자신감이 어땠을지 상상해 보라. 나는 포토리딩 홀 마인드 시스템을 사용해 보고서를 읽는 방법을 설명했다. 한 관리자는 내가 자신보다 보고서를 더 잘 이해했다고 말했다. 그의 부서에서는 분기별로 유사한 문서를 작성한다고 말했다.

비즈니스에서 사용하는 문서나 학교에서 선생님 또는 교수님이 제작한 자료 더미를 포토리딩 홀 마인드 시스템을 사용해 읽는 것은 간단하다. 만약 회의나 수업 전에 문서 내용에 익숙해져야 한다면, 이 전략이 최고다.

그룹 활성화

당신이 한 회사의 팀장이고, 팀원 세 명을 관리한다고 가정해 보자. 팀원 각각은 서로 다른 전문성을 가졌다. 예를 들어 한 사람은 인사부와 자주 일하고, 다른 한 사람은 정보처리부서의 시스템 분석가들과 자주 대화하며, 세 번째 사람은 마케팅과 상품개발에 대한 책임을 진다.

어느 날 당신은 회사의 새로운 전사 컴퓨터 시스템에 대한 소프트웨어 매뉴얼을 받는다. 목차를 살펴보니 600페이지 정도의 문서를 다음주까지 읽어야 한다는 걸 알았다. 이 상황을 처리하는 전통적인 방법은 당신과 팀원들이 매뉴얼을 처음부터 끝까지 읽는 방식으로 며칠 동안 밤을 새며 달리는 것이다.

그렇게 하는 대신에 이런 방법을 시도해 보라. 각 팀원에게 매뉴얼 사본을 한 부씩 나눠주고, 그들이 매뉴얼을 집에 가져가서 밤에 각자 1~2분 동안 미리보기하게 한다. 그리고 잠자기 전에 몇 분 동안 포토리딩을 하고, 다음 날에 함께 모여 매뉴얼을 활성화하고 토론하기로 한다.

다음 날 회의에서는 한 명씩 매뉴얼에서 미리보기로 확인한 내용을 묻는다. 이렇게 하면 모든 사람이 비슷한 기준 틀^{frame of reference}에서 시작하게 된다. 그 다음 활성화 과제를 부여한다. 각자 7분에서 10분 동안 매뉴얼을 슈퍼리딩과 디핑을 하면서 세부 정보를 찾게 한다. 개인 또는 전문 영역의 관심 분야에 세부 질문의 초점을 맞출 수 있도록, 그들에게 세부적인 주제를 제공하라.

예를 들어 인사 전문가에게는 이 새로운 시스템이 회사의 신규 인력이나 교육 프로그램에 어떻게 영향을 미칠지 판단할 수 있도록 매뉴얼을 슈퍼리딩과 디핑하도록 요청한다. 시스템 관리자에게는 기존 시스템과의 기술적 적합성을 판단하게 한다.

이 과제를 완료한 후, 다음 단계로 할 것은 그룹 토론에서 매뉴얼을 활성화하는 것이다. 각자가 매뉴얼 본문을 활성화하며 배운 내용에 대해 5분 동안 설명하게 하라. 한 사람은 설명한 내용 중 주요 사항을 모아 커다란 마인드맵을 만든다. 마인드맵 작업이 끝나면, 자유 토론으로 직원들이 서로에게 질문을 던지고 특정 사항에 대해 의견을 나누게 한다.

이 전략을 실험 삼아 직접 해보면, 토론의 깊이와 얻을 수 있는 가치에 놀랄 것이다. 직원들이 서로 질문하고 답하면서, 그들은 서로 읽은 자료를 활성화하는 데 도움을 준다. 실제로 이것은 포토리딩 이후의 그룹 활성화다.

이 전략을 사용하는 그룹을 지켜보며, 나는 그들이 몇 시간 동안 낭비하던 독서 시간을 몇 분 동안의 매우 효과적인 시간으로 바꾸는 것을 봤다. 더 나아가 이 과정은 사람들이 각자의 전문 분야를 넘나들며 정보를 공유하게 만든다. 정보화 시대를 살아가는 지금에도, 이런 방식을 보는 것은 놀랍게도 드물다. 이렇게 얻는 성과는 구체적이다. 고위급 임원들은 몇 시간 동안 매뉴얼을 파고드는 것에서 해방돼 그들의 전문 영역으로 돌아갈 수 있다. 각 그룹은 공유한 정보를 사용해 더욱 효과적으로 일하며, 이를 바탕으로 훨씬 더 생산적으로 의사 결정을 내리는 팀으로 변하게 된다.

위에서 설명한 방법인 그룹 활성화 방식은 정보 과부하와 문서 쇼크에 대처하는 가장 강력한 도구다. 한 사람이 주어진 주제에 대해 모든 정보를 완벽하게 마스터하는 것은 더 이상 현실적이지 않다. 대신 포토리딩 홀 마인드 시스템을 사용해 부서 간이나 전문 분야 간의 정보를 공유하는 정기적인 과정을 만들라.

번호 부분
포함
전체 읽기

이 과정을 좀 더 구조에 맞춰 활용하고 싶다면, 아래의 각 단계를 참고하라. 여러 사람이 문서를 공유하면서 서로 이해할 필요가 있을 때마다 이 형식을 사용하라.

1) 사전 세션 과제

이 과정에는 그룹의 리더가 독서 과제를 첨부한 메모를 배포하는 단계를 포함한다. 메모에는 회의의 목적과 의도하는 결과를 명시한다.

2) 개인 준비

할당된 자료를 아래 단계에 따라 독서를 완료한다.

- **준비하기** (1분)

- **미리보기** (1~2분)

- **포토리딩** (1~3분)

- **다시보기로 회의에 관한 중요한 두세 가지의 질문을 찾아낸다.**

- (선택 사항) **슈퍼리딩과 디핑으로 질문에 대한 답을 찾는다.** (최대 10분)

- 잠들기 전, 자료를 활성화하면서 그룹 목표를 성공적으로 달성하는 것을 시각화한다.

3) 그룹 활성화

그룹에서 원하는 의도를 한 번 더 명확히 한다. 문서를 요약하면서 전반적인 내용, 보고서나 기사의 주요 내용 및 질문에 대해 논의하라.

그다음엔 분석할 섹션과 각각에게 원하는 특정 분석 유형을 할당한다. 예를 들어 한 사람은 경영 전문가의 관점으로 보고서를 분석할 수 있다. 다른 한 사람은 제기된 문제를 탐색할 수 있다. 또 다른 사람은 단기적인 영향을 검토할 수 있다.

각 그룹 구성원에게 할당된 섹션을 래피드리딩하도록 요청하거나, 전체 텍스트 안에서 슈퍼리딩과 디핑으로 주요 아이디어를 찾도록 한다. 과제를 완료할 시간을 반드시 명시하라. (숙련된 포토리더들은 일반적으로 7~12분 안에 15~30페이지 정도의 보고서를 활성화한다.)

4) 논의하기 - 분석적 방식

전체 문서의 구조와 내용을 개괄적으로 설명한다

- **트리거 단어를 나열한다. 그것들의 의미는 무엇인가? 문서의 어떠한 지점에서 의미가 바뀌는가?** (이에 대한 정보는 6장의 '다시보기' 내용을 참조하라.)

- 주요 명제를 나열하라. 이 문서에서는 어떠한 내용을 주장이나 사실로 제시하는가? 주요 논점을 찾기 위해 의견과 사실을 논리적인 순서로 배열하라. 결론을 먼저 찾으면 뒷받침하는 이유를 찾아라. 이유를 먼저 찾으면, 그것이 어디로 이어지는지 확인하라.

- 문제 정의와 해결 제안 사항을 검토하라. 저자가 해결한 문제는 무엇인가? 여전히 해결되지 않은 문제가 남아 있는가?

- 글을 분석하라. 제시하는 아이디어의 장점과 단점을 논하라. 당신은 어떤 주장에 동의하는가? 의견이 불일치하는 지점은 어디인가?

논의하기 - 창의적 방식

분석적 논의보다는 창의적 논의를 진행하고 싶을 수 있다. 그렇다면 다음과 같은 형식이 더 적합할 것이다.

- 자료에 대해 당신이 감정적으로 느껴지는 걸 묘사하라. 감정은 정보를 어떻게 해석할지 방식을 설정한다는 점을 명심하라.

- 자료에서 얻은 사실과 정보를 진술하라.

- 이 정보는 그룹 목표와 관련해 어떠한 의미, 관계, 적절성이 있는지 브레인스토밍 세션을 진행하라.

- **이 모든 정보를 바탕으로 무엇을 할 것인지 계획하고, 그룹의 다음 단계를 설정하라.**

포토리딩 홀 마인드 시스템은 조직 전반에 걸쳐 업무 처리 완료 방식을 변화시키는 이점이 있다. 모두가 동일한 정보를 공유할 때 협력적으로 의사결정을 할 수 있다. 포토리딩 홀 마인드 시스템을 기반으로 한 방식을 활용하면, 애쓰거나 고군분투하지 않고도 편안하게 일을 따라갈 수 있다.

몇 분간 미리보기를 진행하고 밤에 포토리딩을 하는 것은 프로젝트 레벨의 업무 난이도가 전혀 아니다. 회의에서 10분의 시간을 투자해, 홀 마인드로 활성화하고 문제 해결을 향한 강력한 목적의식으로 정보를 활성화하는 것은 매우 생산적이다. 활성화된 정보를 공유하면서 해당 팀은 의사결정에 완전히 집중한다.

어떤 그룹에서든 성공하기

이 장에서는 비즈니스 상황에서 그룹 활성화하기에 초점을 맞췄지만, 이와 같은 방식은 정보를 공유할 때라면 어디서든 사용할 수 있다. 북클럽은 당신 포토리딩 기술을 사용하고 향상시키는 기회가 될 수 있다. 당신이 속한 지역, 서점 등 커뮤니티에서 독서 그룹을 소개받을 수 있다. 찾지 못한다면 직접 시작하는 것도 방법이다.

많은 포토리더들은 본인이 가진 종교 공동체의 스터디 그룹에 참석한다. 이 장에서 설명한 전략을 사용해서 경전을 공부해 보라. 원하는 이점을 얼마나 빠르게 얻을 수 있는지 확인해 보라. 포토리딩은 당신의 영적 성장을 서포트하는 가장 좋은 방법 중 하나로 자리잡을 수 있다.

대학교 수업에서는 때로 독서 과제가 포함된 팀 프로젝트에 참여할 것이다. 이 책에서 제시한 테크닉을 사용해 항상 준비 상태를 만들어라. 다른 팀원들은 당신이 과제 내용을 놀라울 정도로 잘 파악했다는 점에서 당신의 리더십 능력을 인정할 것이다.

또 다른 유형으로 '석세스 팀 success team'이 있다. 석세스 팀은 세 명에서 다섯 명의 포토리더들로 구성된다. 이들은 개인이나 전문 영역에서 발전 목표를 달성하기 위해 정기적으로 만나거나 교류한다. 매달 여러 사람들과 포토리딩하는 데는 큰 헌신이 필요하다. 하지만 이를 해낸 사람들에게는 항상 큰 보상이 따라왔다.

그룹 참여를 유도하라

어떻게 하면 그룹 구성원 또는 팀원들이 오늘부터 포토리딩을 사용하게 할 수 있을까? 이 책을 그들에게 사주고, 미리보기하고 책 전체를 포토리딩한 후 이 챕터만 활성화하라고 말해 보라. 그들이 호기심을 가질 것 같지 않은가?

정말로, 모두가 이 기술을 배우는 것은 좋은 아이디어다. 책의 시작에 있는 '이 책을 읽는 방법'이라는 가이드를 사용하게 하고, 책을 2단계까지 읽도록 하라. 이 과정은 1시간이면 된다.

LSC 공인 포토리딩 지도자가 진행하는 세미나 참석이나 온라인 과정 구매도 고려해 보라. 이 과정에서 우리의 공인 지도자들은 포토리딩 홀 마인드 시스템을 배우는 방법을 안내할 것이다.

다른 사람들을 참여시키는 또 다른 방법은 인증된 포토리딩 지도자를 회사나 조직 등으로 초청해 교육 과정을 진행하는 것이다.

업무 자료나 보고서를 읽지 않아서 당신이 회의에서 어떻게 기여할지 걱정했던 시간과는 작별을 고할 시간이다. 서류 뭉치를 집으로 들고 갔으나, 펼치지 못하고 쌓아두기만 하던 밤은 끝났다. 당신은 어디서든 당당히 일어서서 리더 역할을 잘 감당할 것이다. 정보에 접근하는 법을 알고 유용한 방식으로 정보를 공유할 줄 아는 사람들에게, 정보는 힘이 된다.

그냥 하라. 성공의 증거가 나타날 것이다. 다음 장에서는 이러한 아이디어들을 강화하기 위한 구체적인 단계에 대해 살펴볼 것이다.

10장
포토리딩 경험을 풍부하게 만들기

포토리딩 기술을 당신에게 맞게 사용할 때, 기술은 더욱 향상된다. 간단하게 말하면, 그냥 해라. 끝없이 안구 운동 반복을 강조하는 속독 프로그램의 강사들과는 달리, LSC 공인 포토리딩 지도자들은 그저 독서 자료와 편안하고, 즐거우며, 탐구적인 상호작용을 권한다. 이렇게 하면 빠르고 지속적인 기술을 개발할 수 있다.

'고통이 없으면 얻는 것도 없다.'는 개념은 마인드 관점과는 맞지 않다. 자신을 지나치게 몰아붙이면 결코 포토리딩 기술을 숙달할 수 없다. 포토리딩 홀 마인드 시스템의 단계를 활용하는 것이 모든 읽기 과정에서 기술을 쌓는 가장 효과적인 방법임이 증명됐다.

 나는 자기 계발과 관련된 영역을 탐구할 때 포토리딩 홀 마인드 시스템을 더 깊이 활용한다. 포토리딩의 다양한 요소를 익히면 삶의 질이 실제로 향상된다는 것을 스스로 깨닫게 될 것이다.

포토리딩 홀 마인드 시스템은 향상된 읽기 속도와 이해력을 넘어선 아주 좋은 이점을 제공한다. 이 원칙은 포토리딩뿐만 아니라 당신이 하는 모든 활동에서도 동일하게 적용된다. 예를 들어 포토리딩은 집중력과 기억력을 향상시켜 모든 활동에서 더 큰 즐거움을 느끼게 해준다. 어떤 활동이든 달성하기 위해 마인드를 설정하면, 더 빠르고 쉽게 배울 수 있다.

이제 당신에게 주어진 풍부한 이점을 수확하기 위한 구체적인 방법들을 탐구해 보자.

눈과 마인드의 연결을 길러라

매우 빠른 독자는 시각적인 독자로, 눈과 뇌 사이의 직접적인 연결을 따른다. 그들은 '속발음subvocalize'을 할 필요가 없다. 마음속으로 페이지에 있는 단어들을 듣는 것을 의미하는 속발음은 글을 이해하는 데 꼭 필요한 것은 아니다. 연구에 따르면, 속발음은 독해에 필수적이지 않다. 모든 단어를 속발음으로 읽는다면 자신의 목소리로 말하는 속도를 넘어서 읽을 수 없다. 그 속도는 대략 분당 220단어에 불과하다. 속으로 내는 '음성' 한계를 넘어설 수 있도록 연습해 보라. 이 시스템을 잘 익히기 위해서는 속도를 높이고, 이해력이 자연스럽게 따라올 것이라고 믿어야 한다.

우리 중 많은 사람들은 상충되는 습관을 오랜 시간 동안 길러왔다. 읽은 것을 이해하기 위해 시각적, 청각적 신호를 받아들이는 것이다. 당신의 뇌는 하룻밤 사이에 완전히 적응하지는 못할 것이다. 발전을 촉진하기 위해, 독서할 때 릴랙스한 상태가 중요하다. 처음이나 두 번째로 자료를 읽으면서 이해하지 못해도 너무 걱정하지 말아야 한다. 그리고 포토리딩 홀 마인드 시스템의 모든 기법을 사용한 것만으로도 자신을 칭찬하라.

시각 훈련 고려하기

어떠한 시각 훈련이든 당신의 눈과 뇌가 글을 처리하는 능력을 강화한다. 내가 받은 시각 훈련에는 눈 수렴과 확산, 먼 곳에서 가까운 곳으로 초점을 맞추기, 물체를 부드럽게 추적하기, 단기 시각 기억 저장 확장, 주변 시야 확장하기 등이 포함됐다. 이러한 기술을 발전시키면 더 강하고 균형 잡힌 시각 시스템을 만들 수 있다. 그 결과 시각과 관련된 모든 작업에서, 특히 독서에서 엄청난 효율성을 가져온다.

주변 인식 확장하기

주변 시야 확장은 시각 영역을 보면서 초점이 맞지 않는 부분을 인지하는 것을 포함한다. 이 과정의 목표는 보통 의식 마인드로 감지되지 않는 정보를 끌어들이는 것이다. 이렇게 하면 시야의 다른 99퍼센트에 있는 정보를 매우 효율적으로 처리하고 반응할 수 있다.

동공이 확장되면 주변 시야가 넓어진다. 이는 빛의 강도가 낮아지거나 눈이 이완돼 포토포커스 상태에 있을 때 자연스럽게 발생한다. 이 과정을 돕기 위해 따뜻하고 부드러운 빛 아래에서 포토리딩을 할 것을 추천한다.

포토리딩은 우리의 시야를 넓히도록 설계됐다. 학생 조종사의 '시야 제한 장치 flight blinders'를 제거하는 것처럼, 포토리딩을 연습하면 눈앞에 있는 것을 더 많이 인식한다. 예를 들어 단어 하나나 한 구절이 아닌 책의 모서리까지 보게 된다.

주변 시야 인식을 높이는 응용 범위는 무한하다. 기본적으로 환경에서 시각적 단서에 대한 반응성이 증가한다. 예를 들어 당신은 방어 운전을 좀 더 할 수 있다. 라켓볼이나 테니스 같은 스포츠에서 실력이 향상된다. 카드 게임을 할 때 더 잘 대응할 수 있다. 합창단에서 더 쉽게 노래를 부를 수 있다. 바쁜 사무실 환경에서 더 효과적으로 일할 수 있다. 상점에서 물건을 더 빨리 찾을 수 있다. 타이핑 속도를 높일 수 있다.

다음은 주변 시야 인식을 높이는 간단한 방법이다.

 글머리 기호 (•) 읽기

- 차를 운전하며 도로를 바라볼 때 길가에 주목하고, 사이드미러에서 움직임을 포착하며, 직접 쳐다보지 않고도 광고판을 읽어라.

- 수평선의 한 점을 부드럽게 응시하고 걸으며 넓은 파노라마를 받아들여라.

- 대화 중에는 상대방의 얼굴만 보고도 그들이 입은 옷이나 장신구를 알아채라.

- 포토리딩할 때, 책의 모서리나 문단 사이의 공간에 주목하라.

- 무술 전문가와 함께 연습해 보라. 태극권이나 아이키도 같은 '부드러운' 형태의 무술이 이상적이다.

- 이와 같이 개방적이고 편안한 인식을 가르치는 책을 포토리딩하라. 선Zen과 명상에 관한 책들은 좋은 자료다. 팀 갤러웨이Tim Gallwey의 《내면 게임The Inner Game》 시리즈는 서구적 방식으로 선 명상과 관련된 많은 개념을 설명하며, 포토리딩과 관련된 기술을 기를 수 있는 많은 연습을 제안한다.

명상과 개방적 인식에 대한 책을 포토리딩한 후, 며칠간 활성화를 하지 말고 어떤 일이 일어나는지 확인해 보라. 당신의 뛰어난 뇌에 놀라고, 향상된 기술 덕분에 기쁨을 맛볼 것이다. 당신의 경험에 주목하라. 당신의 삶의 질이 향상됨에 따라 이러한 마법 같은 순간들이 더 자주 일어날 것이다. 이 과정이 어떻게 작동하는지 더 알고 싶다면, 13장을 참고하라.

편안한 각성 상태에 들어가기

수십 년간의 연구로 우리는 의식 마인드에 의존할 때 학습과 개인 발전을 위한 최고의 자원을 활용할 수 없다는 것을 안다. 의식 마인드는 오감을 사용해 외부에 집중한다. 좀 더 깊은 이해를 위해 의식적 인식을 내면에 집중하고 내면의 감각을 사용할 때, 더 넓은 범위의 뇌 자원을 활용할 수 있다. 확장된 뇌의 처리 능력을 사용하면 학습 속도를 높이고, 운동 수행 능력을 향상시키며, 개인의 성장을 촉진할 수 있다.

당신은 아마도 인간의 뇌가 전기적 주파수를 생성하는 것을 알 것이다. 이러한 전기 에너지는 뇌파검사기^{EEG}라는 장치를 사용해 헤르츠^{Hz} 또는 초당주기^{cycles per second, cps}로 측정할 수 있다. 뇌는 일반적으로 1에서 30+ cps 범위로 작동한다. 이와 같은 정상 범위 안에서 더 작은 주파수는 다양한 뇌 기능 또는 능력과 관련된다.

노아 고든 박사^{Dr. F. Noah Gordon}는 저서 《마법의 교실^{Magical Classroom}》에서 주파수 범위를 세부적으로 나눠 '뇌 채널^{brain channels}' 이라고 설명한다. 이는 라디오나 텔레비전 채널과 비슷하다. 각 주파수 설정에서 우리에게 다양한 정보가 제공된다. 텔레비전 채널을 바꾸듯, 우리는 뇌의 채널을 바꿔 뇌가 가진 잠재력을 최대한으로 활용할 수 있다.

다음으로 설명할 뇌의 네 가지 채널은 모든 사람이 언제든 들어가는 주요 의식 상태다. 이 채널들은 다음과 같다.

- 채널 1 — 액션 채널^{Action Channel} 16~30 cps: 겉으로 드러나는 행동, 비판적 사고, 스트레스와 관련

- 채널 2 — 릴랙스 채널^{Relaxation Channel} 12~15 cps: 신체적·정신적 이완 상태로 들어가는 스트레스 해소 게이트

- 채널 3 — 학습 채널^{Learning Channel} 8~12 cps: 새로운 학습을 처리하는 진정한 학습자의 홈 베이스. 차분하고, 애쓰지 않고, 이완된 내면의 자각과 관련

- 채널 4 — 높은 창의성/패턴 메이커 채널^{High Creativity/Pattern-Maker Channels} 4~7 cps: 몽상, 직관, 창의성, 천재성과 관련된 최고 자원 및 비상한 능력

나는 포토리더를 대상으로 인터랙티브 브레인웨이브 비주얼 애널라이저Interactive Brainwave Visual Analyzer라는 장치를 사용해 EEG 측정을 여러 차례 수행했다. 포토포커스 상태에서 책을 포토리딩 할 때 신뢰할 수 있는 고유한 주파수 세트가 생성된다. 이와 같은 '브레인 시그니처brain signature' 특징은 포토포커스 상태에 들어가자마자 거의 즉각적으로 나타난다. 이는 포토리딩을 위한 이상적인 두뇌 상태가 신체의 이완보다는 눈의 상태와 더 관련될 수 있다는 것을 시사한다. 그러나 편안한 각성 상태를 유지하는 법을 익힌 사람들은 포토리딩 기술을 가장 쉽게 발전시킬 수 있다.

5장에서 제공한 지침을 따라 마인드 리소스 레벨에 들어가라. 당신은 원하는 대로 생각과 감정을 바꿀 수 있다는 것을 알아차릴 것이다. 이 상태는 자율신경계, 심박수, 동공 확장, 땀, 아드레날린 분비 같은 생리적 요소에 영향을 미친다. 이러한 모든 기능은 비의식 수준에서 제어된다. 이는 평화로운 생각을 하는 것이 신체에 직접적으로 영향을 줄 수 있음을 의미한다.

신체적으로 이완하고 정신적으로 각성한 상태에 도달할 때, 당신은 생각과 감정을 가장 유연하게 잘 통제할 수 있다. 학습은 생각과 감정을 변화시키는 과정이기 때문에, 마인드 리소스 레벨에서 학습이 가장 쉽게 이루어진다.

글머리 기호 (•) 읽기
편안한 각성 상태에 도달하는 기술을 강화하기 위해 다음과 같은 활동을 할 수 있다.

- 식단과 운동을 조절하라. 영양이 풍부한 음식을 섭취한 건강한 몸과 뇌는 균형 잡힌 건강한 마인드로 이어진다. 저지방, 저당 식품을 섭취하라. 포토리딩을 위해서는 물을 충분히 마셔라. 물은 산소가 혈액을 타고 뇌로 이동하는 데 도움을 준다.

- 가끔씩 숨을 깊이 들이마시고 천천히 내쉬는 호흡을 해보라. 몸을 따라 편안하게 흐르는 이완과 부드러워지는 느낌에 주목해 보라.

- 패럴리미널 음원 파일이나 이완에 도움이 되는 오디오 프로그램을 들어보라.

- 자율훈련, 유도된 상상, 실바 메서드, 명상, 기도에 관한 책을 포토리딩하라. 모든 책을 활성화할 필요는 없다는 점을 기억하라. 삶에 유익한 개념을 얻기 위해서는 책에서 얻은 개념만으로도 충분하다.

- 명상을 탐구하라. 기공, 요가, 선 같은 수많은 명상법을 발견할 것이다.

- 집중력과 호흡에 초점을 맞춘 기공을 활용해 보라.

페럴리미널 세션 소개

홀 마인드 읽기 능력을 강화하고 풍부하게 만드는 입증된 방법 중 하나는 오디오 프로그램을 활용하는 것이다. 이와 같은 음원 파일은 배우고, 이완하고, 새로운 행동을 확립하도록 돕는다. 가능하다면 이 프로그램을 자주 사용하라.

나는 점진적 이완과 신경언어프로그래밍^{NLP} 기술을 결합한 페럴리미널 프로그램을 개발했다. 이 음원 파일에는 내레이션 트랙이 혼합돼 있다. 한 트랙은 분석적인 '좌뇌형'이며, 단계별로 목표를 달성하도록 안내한다. 또 다른 트랙은 '우뇌형'으로, 중심 메시지를 강화하기 위해 이야기와 상징적 이미지를 사용한다.

페럴리미널 음원 파일은 최면 상태를 유도하거나 알지 못하는 사이에 영향을 미치는 서브리미널^{subliminal} 메시지를 포함하지 않는다. 오히려 많은 사람들의 부정적이거나 자기 제한적 최면 상태에 갇혀 있는 것을 깨뜨린다.

이 음원 파일 중 몇 가지는 포토리딩 홀 마인드 시스템의 단계를 지원하도록 특별히 설계됐다.

〈퍼스널 지니어스^{Personal Genius}〉는 학습을 위한 내면의 자원을 완전히 활용할 수 있도록 몰입 상태로 들어가게 돕는다.

〈메모리 슈퍼차저^{Memory Supercharger}〉는 뇌의 방대한 기억 저장소를 활용하게 해준다. 발표나 시험 전에 해당 음원을 사용하면 최고의 성과를 발휘할 수 있다.

〈오토매틱 파일럿^{Automatic Pilot}〉은 자아의 방해 없이 몰입 상태에 들어가 목표를 향해 나아가도록 돕는다. 이 음원은 습관적으로 독서를 피하는 경향에 특히 효과적이다.

〈겟 어라운드 투 잇^{Get Around To It}〉은 미루는 습관을 없애고 지금 바로 행동하게 도와준다. 만약 독서를 계속 미루는 중이라면, 이 음원 파일이 큰 도움이 될 수 있다.

〈뉴 비헤비어 제너레이터^{New Behavior Generator}〉는 독서 습관을 형성하고 저항을 극복하도록 돕는다.

〈뉴 히스토리 제너레이터^{New History Generator}〉는 독서를 잘 못하거나 학교에서 공부를 잘하지 못했던 과거를 극복하는 데 도움을 준다.

〈앵자이어티 프리^{Anxiety-Free}〉는 시험에 대한 불안, 독서에 대한 두려움, 자기 성공에 대한 책임을 지는 것을 극복하도록 돕는다.

〈빌리프^{Belief}〉는 포토리딩 홀 마인드 시스템의 모든 이점을 즐기는 데 방해가 되는 제한적인 믿음을 바꾸도록 돕는다.

〈드림 플레이^{Dream Play}〉는 꿈을 프로그래밍하고 기억하는 데 도움을 주며, 포토리딩의 효과적인 활성화 도구가 될 수 있다.

〈프러스페러티^{Prosperity}〉는 승진, 생산성 향상, 성적 향상 등 포토리딩의 이점을 즐길 수 있도록 돕는다.

〈딥 릴렉세이션^{Deep Relaxation}〉은 포토리딩의 편안한 각성 상태에 접근하도록 돕는다.

〈셀프 이스팀 슈퍼차저 Self-Esteem Supercharger〉는 긍정적인 자아개념을 형성하는 데 도움을 준다.

〈텐미닛 슈퍼차저 10-Minute Supercharger〉는 정신을 각성하고 육체적으로 재충전할 수 있게 도와주며, 긴 학습 세션에 매우 적합하다.

목표를 설정하고 전념하기

의미 있는 결과를 얻기 위해서는 명확한 목표를 잘 설정해야 한다. 뇌는 목표를 향해 나아 가면서 성과를 낸다. 포토리딩으로 혜택을 얻으려면 계속해서 명확한 목표를 설정해야 한다. 무언가를 읽을 때 매번 목적을 정하라. 목적 설정을 좀 더 잘하기 위한 방법은 다음과 같다.

- **매일 할 일 목록 To Do List 에 포토리딩 홀 마인드 시스템 사용하기를 넣어라.** 포토리딩 기술은 적용하면서 실제 기술로 통합된다. 따로 연습해야 한다는 부담을 느끼지 말고, 그저 어떠한 자료를 읽을 때마다 사용하라. '연습'이라는 단어는 별도로 시간을 빼서 해야 할 일이라는 느낌을 준다. 그러니 그저 부담을 덜고, 일상에서 우선순위에 해당하는 자료를 읽을 때 포토리딩 홀 마인드 시스템을 적용하라.

- **구체적인 목표를 세우라.** 그리고 이것을 '포토리딩 버디'와 공유해 진행 상황을 검토하라. 독서 목적은 당신을 성장으로 이끌 수 있는 것으로 정하라. '꼭 해야 돼'라고 스스로를 압박하는 목표보다는 당신이 진정으로 하고 싶고 즐거운 것을 목표를 설정하라. 자신의 역량을 키우는 목표를 설정하되, 현실적으로 달성할 수 있는 목표를 설정하라.

- **원하는 결과가 나오지 않더라도 편하게 진행하라.** 다양한 방법을 즐겁게 시도하라. 지금까지 해온 대로만 하면 똑같은 결과에 머무를 것이다. 다른 것들을 시도하고, 오래된 관습에 맞서고, 당신 마인드의 잠재력을 확인하라.

- **당신의 성장을 인식하라.** 목표를 향한 구체적인 성공 지표를 기록하라. '전부 아니면 전무' 같은 완벽주의 경향에서 벗어나라. 당신이 이루고자 하는 최종 목표를 향해 나아가며 작은 성과나 성장에도 기뻐하고 축하하라.

기억 테크닉 활용하기

기억이 나지만 의식적으로 표현할 수 없을 때 기억이 날듯 말듯한 '설단 현상'이 일어난다. 누군가의 이름을 떠올리려고 할 때 흔히 발생한다.

비의식 마인드에서 의식 마인드로 정보를 떠오르게 하는 가장 좋은 방법은 자신에게 여유 시간을 주는 것이다. 이런 상황이 오면 '나는 이 사람의 이름을 안다. 지금 이름이 떠오른다.'라고 스스로에게 말하라. 그다음에는 이름을 떠올리려고 하는 마음을 내려놓고, 당신의 마인드가 이름을 알아서 찾도록 하라.

　다음의 세 단계를 기억하라. 첫째, '그것을 원하라'. 둘째, '기대하라'. 셋째, 애쓰던 방식에서 벗어나 그 일이 그저 '일어나게 하라'. 이 방식은 자신을 향한 긍정적 마인드와 태도에서 중요하다. 당신의 마인드가 강력하고 유능하며, 언제든 도움을 줄 준비가 돼 있다고 신뢰하는 방식이다. 마인드에 온전히 전하는 긍정적인 믿음으로, 성공적인 홀 마인드 독서의 초석을 다진다.

꿈을 가지고 놀기

　뇌는 전의식적으로 preconsciously 받은 정보를 꿈을 활용해 자연스럽게 처리한다. 꿈을 알아차리는 것은 포토리딩한 책을 활성화하는 데 도움이 된다. 꿈을 기억하면서 당신은 의식 마인드와 비의식 마인드 사이에 다리를 놓기 때문이다. 그 결과, 뇌의 방대한 '데이터 뱅크'에 좀 더 의식적으로 접근할 수 있다.

　꿈을 알아차리는 연습을 하면서 놀아보아라. 처음에는 잠에서 깰 때 단순히 꿈을 기억하기만 하면 된다. 그렇게 하다 보면

꿈속의 사건에 의식적으로 반응하는 자각몽^{lucid dream}을 경험할 수도 있다. 꿈을 더 자주 기억할수록 꿈의 이미지가 더 선명해지고, 구체적이 되며, 자각몽을 경험할 가능성을 높인다.

동기부여가 핵심이다. 대부분 꿈을 기억하고 싶다면 기억할 것이다. 많은 사람들에게는 기억하려는 의도와 잠자리에 들기 전에 그 의도를 되새기는 것만으로 충분하다.

이것을 좀 더 강화하는 방법도 있다. 침대 옆에 펜과 종이를 두고, 깨어날 때마다 꿈에 대한 마인드맵을 만들어 보라. 이 방식으로 더 많은 꿈을 기억할 수 있을 것이다.

꿈을 기억하는 또 다른 방법이 있다. 깨어났을 때 첫 번째 질문으로 자신에게 '내가 방금 무슨 꿈을 꿨지?'라고 묻는 것이다. 그렇지 않으면 꿈의 일부 또는 전체 내용을 잊어버릴 수 있다.

꿈을 기억할 때는 인내심을 가져라. 아침에 깨어났을 때는 움직이거나 다른 생각을 하지 말고 꿈의 조각들이 떠오를 때까지 기다려라. 꿈의 단편들이 당신에게 다가올 것이다. 당신의 생각과 느낌을 침대에 누워 있는 동안 차분히 살펴보라. 이 방식은 종종 꿈 전체를 기억하는 데 필요한 단서를 제공한다. 처음에 꿈이 전혀 기억나지 않더라도 계속해서 시도해라.

나는 꿈을 기억하는 데 도움을 주는 〈드림 플레이^{Dream Play}〉 패 럴리미널 음원을 개발했다. 당신은 오늘 밤 이 책을 발판으로 삼을 수도 있다. 이 책에는 당신이 글을 보는 방식을 영원히 바꿀 수 있는 정보가 가득 담겨 있다. 이 책은 당신이 뇌의 강력한 자원을 활용할 수 있도록 돕는다. 자기 전에 이 책을 포토리딩해 다양한 도구 중 하나로 활용하라.

포토리딩 세미나에 참가하라

포토리딩 세미나에 등록하라. 세미나에서는 LSC에서 인증한 전문적으로 훈련한 포토리딩 지도자[15]의 도움을 받을 수 있다. LSC 공인 포토리딩 지도자들은 우리가 출판한 특별한 교재와 별도의 강의 자료를 사용한다. 각 지도자는 이전 참가자들이 포토리딩을 성공적으로 익힐 수 있도록 지도해 왔다. 당신은 개인적으로 궁금한 내용에 대해 세미나 과정 중에 답변을 받을 수 있다. 좀 더 깊이 있는 예시와 시각 자료를 제공해, 좀 더 수월하게 학습할 수 있다. 세미나에서 얻는 다양한 경험을 책으로 완벽하게 설명하기는 어렵다. 지금까지 당신이 읽은 내용에 대한 더 깊은 의미를 만나게 될 것이다.

세미나에서는 각 테크닉을 익히는 것 외에도 다음과 같은 방

---

[15] 포토리딩 지도자 과정과 포토리딩 세미나는 다르다. 폴 R. 쉴리 박사가 창시하고 LSC에서 개발한, 포토리딩을 자의적으로 해석해 잘못 가르치는 경우를 각별히 주의하라. 세미나나 강의로 배우기 원한다면 LSC 공식 인증 기관인 폴리매스랩으로 연락하라.

법을 배울 것이다.

- 포토리딩하고 더 높은 이해력으로 읽기 목표를 달성하기 위해 두뇌를 활성화
- 순간적으로 마인드 리소스 레벨에 안정적으로 들어가기
- 당신의 지각 영역을 열어 눈으로 볼 수 없는 것을 마인드로 보기
- 간단한 움직임으로 좌우 뇌의 균형을 즉시 맞춰, 독서를 더 효과적으로 만들기
- 새로운 습관을 적용할 수 있도록 마인드를 프로그래밍하고, 비효율적 독서 습관을 멈추는 데 도움이 되는 방법
- 활성화 기술로 꿈을 사용하기
- 내면 마인드와 친구가 돼, 비의식 마인드의 광대한 데이터베이스를 사용해 문제를 해결하는 직관적 안내를 신뢰하기

세미나에 참석하는 가장 큰 장점은 현장에서 직접 실행하고 피드백을 받는다는 것이다. 세미나 동안 당신은 이 책에서 설명한 모든 기술을 사용해 책을 포토리딩하고 활성화할 것이다. 우리는 때로 사전을 포토리딩을 한 이후에, 단어를 떠올린 다음, 그것이 페이지 어디에 있는지 아는 방법을 가르치기도 한다.

같은 마인드를 가진 사람들을 만나면, 학습 과정에서 필요한 지원을 얻는다. 이 과정에서 새로운 포토리딩 버디를 만나기도 한다. 포토리딩 세미나는 정기적으로 열린다.[16]

포토리딩 퍼스널 러닝 코스 활용하기

나는 자기주도 학습 프로그램으로 배우는 것을 전혀 즐기지 못했다. 그래서 내가 직접 하나를 만들어야 할 때, 내가 듣고 싶은 것을 만들 수밖에 없었다. 18개월간의 개발 끝에 포토리딩 퍼스널 러닝 코스PhotoReading Personal Learning Course[17]를 준비했다. 해당 프로그램 개발을 마쳤고, 대히트를 쳤다.

미네소타에서 큰 규모의 비즈니스를 담당하는 회사의 인사부 이사 한 명이 내게 전화를 했다. 그는 "해당 과정에 대한 피드백을 드려도 괜찮을까요?"라고 물었다. 나는 "물론입니다."라고 답했다.

혹시나 부정 피드백을 받는 것은 아닌지 살짝 걱정했지만, 그

---

[16] 국내에서 진행되는 포토리딩 세미나 정보는 PolymathLab.co.kr/PhotoReading을 혹은 우측의 QR코드를 참고하라.

[17] 해당 코스는 현재 영어로만 제공된다. 국내에서는 온라인 강의를 폴리매스랩에서 준비 중이다. 위 링크에 업데이트될 예정이다.

는 극찬했다. "이건 제가 지금까지 사용해 본 오디오 학습 프로그램 중 최고입니다. 저는 그동안 정말 많은 오디오 프로그램을 수강했는데, 이 프로그램은 정말 탁월합니다. 정말 훌륭한 프로그램이네요." 나는 안도의 한숨을 내쉬었다.

그는 덧붙였다. "아마도 저는 세미나에는 참석하지 못할 거예요. 조직 밖에서 여러 사람들이 있는 곳에 포함되는 데 익숙하지 않아서요. 그런 제게 자기주도 학습 프로그램은 자유로움을 줬어요. 제 진도에 맞춰, 어떤 결정을 내려야 할지 명확히 알 수 있었습니다. 저는 5일 만에 프로그램 전체를 끝냈습니다. 하루에 3시간씩 총 15시간이 소요됐어요."

그의 말에서는 진심이 느껴졌다. 해당 오디오 프로그램을 인정받는 것 같았다. 이 프로그램을 함께 제작한 훌륭한 크루들 덕분에 가능했고, 이 모든 노력이 결실을 맺었다.

현장에서 진행하는 세미나를 대체할 수 있는 것은 없다. 하지만 세미나에 참석할 수 없을 때 포토리딩 퍼스널 러닝 코스는 훌륭한 대안이다.

나는 이 책 전반에 걸쳐 다른 책들을 읽고, 포토리딩 세미나에 등록하거나 자기주도 학습 코스를 활용하도록 제안했다. 패럴리미널 같은 오디오 프로그램도 추천했다. 이는 더 많은 정보를 습득할수록, 당신이 타고난 재능을 진정으로 활용하는 데 더 능숙해질 것이기 때문이다.

피터 클라인이 말한 '일상 속 천재성'을 스스로 발견하라. 나는 당신을 포함한 누군가에게 천재성을 가졌다고 설득할 수 없다. 우리는 각자 자신 안에 있는 천재성을 발견해야 한다. 나는 진심으로 당신이 이 진리를 스스로 발견하기를 바란다.

눈과 마인드의 연결 강화, 주변 인식 확장, 강력한 멘탈 상태, 꿈 기억하기. 이것으로 당신의 포토리딩 테크닉은 더욱 깊어지고 확장될 것이다. 그리고 11장에서 신토픽리딩 Syntopic Reading 을 진행하면서 새로 익힌 테크닉들이 정점에 이르는 것을 경험하게 될 것이다.

11장
평생 탐구를 위한 신토픽리딩

대학원 시절, 한 교수님은 인사관리 부문에서 주제를 정해 그와 관련된 모든 책을 읽고 10~20페이지 분량의 리포트를 작성하는 과제를 내주었다. "주제와 관련된 모든 책을 읽고, 배운 내용을 바탕으로 보고서를 작성하세요."

나는 열두 권을 찾았다. 포토리딩 홀 마인드 시스템을 사용해 모든 책에서 중요한 내용을 찾았고, 리포트 작성을 위한 마인드맵을 완성했다. 이 모든 걸 그날 오후에 진행했다. 나는 마인드맵을 기반으로 리포트를 작성하고 제출했다.

보고서를 돌려받았을 때 '100%'와 '훌륭합니다!^{Excellent!}'라는 문구, 단 두 가지만 적혀 있었다. 이전까지는 학부나 대학원 과정에서 이렇게 쉽게 프로젝트를 끝낸 적이 없었다.

나의 동료인 패트리샤 다니엘슨^{Patricia Danielson}은 포토리딩 초기 발전에 기여해서 그녀를 공동 개발자라 부르게 됐다. 그녀는 포토리딩 아이디어를 다듬어 '신토픽리딩'이라는 방식을 만들었다. 그녀는 이를 유럽에서 먼저 테스트했고, 대성공을 거두었다.

신토픽리딩은 포토리딩 방식을 더욱 풍부하게 한다. 주제를 중심으로 읽는 신토픽리딩을 하려면, 지금까지 발전시켜온 모든 기술을 활용해 숙달 단계로 한 걸음 더 나아가야 한다.

주제와 관련된 책 세 권에서 다섯 권을 단 하루 만에 읽는다고 상상해 보라. 이 장에서 설명하는 신토픽리딩의 기본 단계를 따르면 가능하다.

신토픽리딩의 학습 원리

관심 있는 주제에 관해 정말 읽고 싶은 책 한 권을 찾았다고 가정해 보자. 세 권의 책을 추가로 포토리딩하고 활성화하면, 그 한 권의 책에 대해 더 깊이 알 수 있다. 이 과정을 진행하는 데 가장 좋은 소식이 하나 있다. 포토리딩 시스템을 네 권의 책에 적용하는 데 걸리는 시간은 당신의 과거 독서 방식으로 한 권을 읽는 데 드는 시간보다 더 적다는 것이다.

독서를 평생에 걸친 탐구의 여정이라고 생각해 보자. 이 여정을 따라가다 보면 주요 주제마다 서로 다른 관점이 존재한다는 것을 발견하게 된다. 숙련된 독자는 이러한 다른 관점들 사이의 긴장에서 한 단계 더 높은 수준의 통찰을 얻는다. 신토픽리딩은 이러한 다양한 관점을 쉽게 종합하고 새로운 시각에서 바라볼 수 있는 길을 제시한다.

숙련된 독서가는 한 주제에 관해 여러 측면을 이해하고 자신만의 결론에 도달한다. 신토픽리딩은 자신의 생각을 바탕으로 더 많은 아이디어를 만들어 내도록 돕는다. 이는 다양한 관점을 접하고, 자신에게 진정으로 와닿는 것을 선택하고 정리하면서 이루어진다. 진정한 깨달음은 논리와 전반적 지식, 경험에 대한 성찰에서 온다. 그저 마지막으로 읽은 책에서 오는 것이 아니다. 사실 더 깊은 이해를 위해서는 같은 주제의 책을 여러 권 읽어야 할 때가 많다.

한 포토리딩 수강생의 경험을 보면, 한 가지 주제에 관해 여러 책을 읽는 이점을 알 수 있다. 그녀는 고등학교를 졸업하고 25년 만에 지역 전문대학교에서 학위를 따기 위해 복학했다. 역사 수업 에세이 테스트를 치르기 전, 공부하던 주제와 관련된 일곱 권의 책을 포토리딩했다.

시험 중에 글이 술술 써졌다고 설명하는 그녀의 얼굴에는 미소가 번졌다. 그녀는 에세이 테스트에서 이렇게 편안하고 자신감 있었던 적이 없었다고 하며 "시험에서 A를 받았어요!"라고 자랑스럽게 덧붙였다. 그녀는 자연스럽게 포토리딩에서 신토픽리딩으로 전환할 수 있었다.

50년 전 모티머 애들러^{Mortimer Adler}와 찰스 밴 도렌^{Charles Van Doren}은 《독서의 기술^{How to Read a Book}》에서 신토픽리딩을 처음으로 소개했다. 애들러는 신토픽리딩에 사용되는 사고 기술이 숙련된 독자의 궁극적인 목표라고 여겼다. 우리는 아이디어를 더 효율적으로 종합하기 위해 포토리딩 홀 마인드 시스템의 기술을 신토픽리딩에 추가했다.

내 수업을 듣던 한 교육학 박사과정 학생이 있었다. 그에게 논문 쓰기는 늘 시간이 많이 걸리는 문제였다. 여러 책을 읽으며, 정보를 추출하고, 아이디어를 만들고, 논문을 써야 했다. 신토픽리딩을 배운 후 그는 이 기술을 논문 쓰기에 적용했다. 몇 달 후 그에게 전화가 왔다. "와 이거 정말 믿을 수 없네요! 포토리딩이 이 작업을 얼마나 수월하게 만들어 주는지 말로 표현할 수가 없어요. 전에는 2~3일 정도 걸리던 논문을 이제는 오후 동안 끝낼 수 있어요."

(선택 사항)
1~10단계
읽기

이런 일들은 다음의 홀 마인드 신토픽리딩의 기본 단계에 따르면 가능하다.

1) 목적 설정하기

신토픽리딩의 첫 단계는 자신에게 의미 있고 가치 있는 목적을 정하는 것이다.

목적은 명확하고 구체적이어야 한다. 이것은 매우 중요하다. 예를 들어 당신의 목적이 자금 관리 전략을 배우는 것이라면, 효과적인 목적은 다음과 같다.

"재정적 독립을 이루기 위해, 나는 돈을 저축하고 현명하게 투자하는 효과적인 방법을 배우고 싶다."

위 목적은 명확하고 개인적으로 의미가 있다. 의미 있는 것은 장기 기억으로 간다. "재무 설계에 대해 더 배우고 싶다."와 같은 광범위한 목적진술문보다 훨씬 더 강력하다.

2) 참고문헌 목록 만들기

두 번째로 할 것은 읽을 책들의 목록인 참고문헌 만들기다. 책들이 자신의 목적에 부합하는지 미리보기를 한다. 이 연습을 위해서는 정말로 이해하고 싶은 주제에 관한 서로 다른 저자들이 쓴 논픽션 책들로 선택한다.

3) 활성화하기 전날 모든 자료를 포토리딩하기

마인드에서는 새로운 연결을 위한 인큐베이션 시간이 필요하다. 활성화하기로 계획한 날 하루 전에 선택한 책들을 모두 포토리딩한다. 포토리딩은 빠른 속도로 아이디어를 처리할 수 있게 한다. 자는 동안 당신의 뇌는 포토리딩에 노출된 정보를 분류할 방법을 찾는다.

4) 자이언트 마인드맵 만들기

포토리딩한 책들, 큰 종이 한 장, 다양한 색상의 마커나 펜을 준비해 마인드맵을 그린다. 해당 마인드맵은 신토픽리딩의 남은 단계에서 필기할 때 사용한다. 마인드맵을 어떻게 구성할지는 다음 도표로 제안하는 방법을 참고하라. 처음에 정한 목적진술문은 종이 중앙에 두드러지게 위치시킨다. 종이에 충분한 공간을 남겨서 당신의 목적진술문을 수정할 수 있게 한다. 중앙에 있는 목적진술문은 이 마인드맵이 책들에 관한 것이 아니라 당신의 목적에 관한 것임을 상기시키는 데 도움이 될 것이다. 목적에 부합하는 책 내용을 적어라. 책의 개별적인 내용은 당신의 목적보다 중요성과 우선순위가 낮다.

5) 관련 구절 찾기

슈퍼리딩과 디핑을 하면서 당신의 목적과 관련된 구절들을 찾아 살펴본다. 이 단계에서는 저자들의 목적이 아닌, 당신의 목적이 가장 중요하다. 당신의 목적을 지침으로 삼는 이유는 당신의 목적에 부합한 숨겨진 구절들을 찾아내기 위해서다. 찾은 구절들을 계속해서 마인드맵에 기록한다.

여기서 너무 자세히 읽으려는 욕구를 버린다. 책 전체는 가볍게 훑어보기만 하고, 관련 구절에만 집중한다. 이 단계에서 주제의 복잡성이 좀 더 명확해지면서, 당신의 목적진술문을 다듬을 수 있다.

이런 활동을 마치 각각의 책을 쓴 저자들과의 토론이라

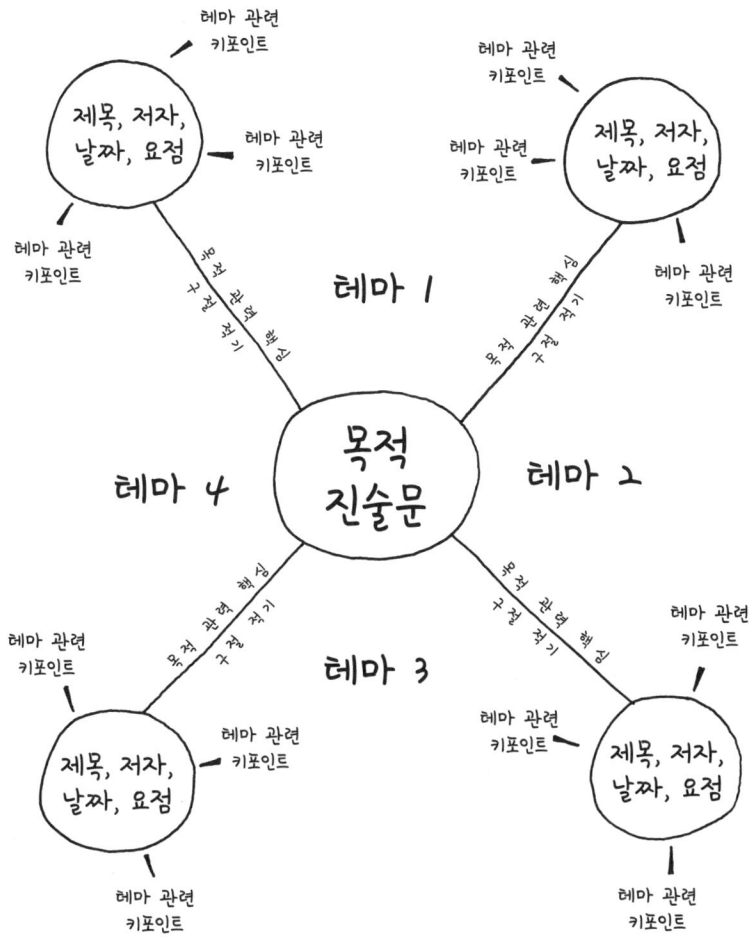

주요 테마와 개념에 대한 단어들을 가장자리에 적는다.
이는 주제 전체를 설명하는 당신만의 단어들이다.

고 생각하라. 저자들이 당신과 함께 원 안에 앉아 있다고 상상하라. 그들에게 질문을 하고 당신의 목적에 맞게 말하게 하라. 여기서 당신의 목표는 그들의 책을 이해하는 것이 아니라 자신의 목적을 이해하는 것이다.

6) 자신의 말로 요약하기

마인드맵을 다시 살펴보면 여러가지 중요 개념을 다뤘음을 알 수 있다. 지금까지 주제에 대해 생각한 바를 간단히 요약해 본다.

중립적이며 전문용어가 없는 자신만의 용어를 만드는 것이 도움이 된다. 서로 다른 저자들의 같은 내용을 다른 말로 표현할 수 있다. 중립적인 용어를 찾는 것으로 의미 있는 연관성을 만들고 개념을 자신의 것으로 만들 수 있다.

7) 테마 발견하기

마인드맵과 책을 살펴보며 여러 저자들의 관점 사이의 유사점과 차이점을 탐구한다. 이 단계에 이르면 대부분의 저자들이 다루려 한 중심 테마들을 발견하기 시작한다. 이것을 기록해 둔다.

8) 이슈 정의하기

저자들의 관점이 상반될 때, 이런 차이점은 논쟁점이나 쟁점이 된다. 서로 다른 관점들을 찾아내면 주제에 대한 지식이 깊어진다.

이 단계에서는 슈퍼리딩과 디핑을 하면서 핵심 부분을 찾아 쟁점 관련 내용을 살펴본다. 마치 취재 기자가 됐다고 상상하면서 저자들에게 핵심 질문들을 던져보라.

한 사이클을 진행할 때는 한 가지 질문에 대해 책을 빠르게 옮겨가며 답을 찾는다. 한 책에서 찾은 뒤에 바로 다음 책으로 넘어간다.

9) 자신의 견해 형성하기

이슈를 발견하고 다양한 관점을 탐구하다 보면 자연스럽게 당신만의 관점을 종합하게 된다. 처음에는 모든 면을 살펴보고 어느 쪽에도 치우치려 들지 말라. 객관적인 상태를 유지하면서 편파적인 분석을 하지 않도록 의도적으로 노력하라.

정보를 충분히 모으고 난 후에 당신의 의견을 만든다. 연구를 바탕으로 당신만의 의견을 형성한다.

10) 적용하기

주제에 대한 입장을 정한 후에는 구체적인 정보를 바탕으로 자신의 관점을 뒷받침하는 주장을 만들어야 한다.

주제를 더 잘 빛나게 하도록 핵심 쟁점들을 정리한다. 당신의 의견을 주장할 때는 구체적으로 한다. 주장에 신뢰성을 더하려면 출처를 인용해야 한다. 저자의 관점을 인용할 때는 항상 본문의 실제 인용문을 페이지 번호와 함께 제시하는 것이 좋다. 공식적인 리포트를 쓰기 전에 자신의 관점에 대한 또 다른 마인드맵을 만든다. 이렇게 하면 시간을 절약하고 생각을 명확하게 정리할 수 있다.

대부분의 사업가와 학생은 이전 단계에서 필요한 내용을 충족한다. 충족하는 정도는 그들이 주제에 대해 얼마나 알고 싶은지에 달렸다. 하지만 논문이나 비즈니스에서 상세한 보고서를 작성할 때는 지금 단계가 중요하다.

신토픽리딩에 얼마나 많은 시간이 들어갈 것으로 예상되는가? 우리는 당신이 활성화를 위해 45분씩 두 번의 세션만 투자하길 제안한다. 그것으로 충분하다. 신토픽리딩을 하기 전에 투자하는 시간은 한 책당 약 10~15분으로 빠르게 미리보기, 포토리딩, 다시보기를 하는 데 쓴다. 신토픽과정을 마치면 대부분의 참가자들은 정말로 원하고 필요로 하는 것의 80~90퍼센트를 얻었다고 느낀다.

당신이 신토픽리딩으로 3~5권의 책을 읽으면, 그중에서 추가 연구가 필요하다고 생각하는 한 권을 찾을 수 있다. 주제를 가장 간결하게 담은 듯한 책이다. 관심이 있다면 포토리딩 홀 마인드 시스템의 활성화 단계를 사용해 그 책에 대한 연구를 완료하라. 아마도 빠르게 진행하는 래피드리딩만으로도 나머지 필요한 정보를 모으기에 충분할 것이다. 주제와 책에 따라 20분에서 4시간 안에 이를 끝낼 수 있다.

신토픽리딩의 누적되는 힘

이 책의 참고문헌에 나열된 모든 저자를 보면 그들 역시 신토픽리딩의 결과물임을 알 수 있다. 마찬가지로 포토리딩 세미나는 많은 저자와 연구자를 검토한 결과물이다. 여기서 인용된 많은 저자들은 50~100권 정도의 다양한 책과 학술지를 참고했다.

신토픽리딩을 할 때마다, 당신은 전문가 수백 명의 축적된 멘탈 에너지를 얻는다. 이 에너지에는 그들의 수천 시간의 노동과 경험이 녹아 있으며 당신이 목적을 달성하도록 돕는다. 이 힘을 느낄 때, 당신은 신토픽리딩의 짜릿함을 진정으로 이해할 수 있다. 당신이 선택한 독특한 저자의 조합으로 아무도 고려하지 않은 새로운 관점을 발견할 수도 있다.

패트리샤 다니엘슨은 그녀의 학생 중 한 명의 놀라운 사례를 전했다. 브뤼셀 출신의 한 내과 의사는 동종요법 분야에서 신토픽리딩을 사용했다. 유럽 전역의 동종요법 의사들은 매 분기마다 모여 연구 논문을 공유한다. 그는 발표를 준비하면서 주요 동종요법^{homeopathy} 교과서들을 신토픽리딩으로 읽고 마인드맵을 그렸다. 그가 자신이 그린 마인드맵을 봤을 때, 그것들은 말이 안 되는 것처럼 보였다. 그는 나중에 검토하기 위해 서류철에 넣어두었다.

2개월 후, 그는 마인드맵들을 꺼내 바닥에 펼쳐놓았다. 놀랍게도, 그것은 모두 이치에 맞았다. 그에게 떠오른 새로운 아이디어들은 혁명적이었다. 그는 빠르게 논문을 준비했고 몇 주 후 분기 미팅에서 발표했다.

모임에 참석한 의사들은 그의 통찰력에 놀라워했다. 한 의사는 자신은 20년 동안 당신이 발표에서 설명한 연관성을 전혀 발견하지 못했다고 언급했다. 미팅 참석자들이 그가 어떻게 이런 사고의 도약을 이뤘는지 물었을 때, 그는 포토리딩 과정과 신토픽리딩에 대해 설명했다. 이후 브뤼셀에서 열린 포토리딩 세미나에는 이 의사들 중 일곱 명이 참석했다.

신토픽리딩 과정 시각화하기

신토픽리딩의 10단계를 빠르게 시각화하며 통합해 보자. 공부하고 싶은 주제를 생각해 보자. 당신은 어떤 목적을 달성하고 싶은가? 도서관에 가서 그 주제에 관한 책 여러 권을 고르는 모습을 상상해 보자. 그중에 세 권에서 다섯 권을 집에 가져갈 것인지 결정하기 위해 간단히 살펴본다. 이 책들은 당신이 정한 목적에 가장 잘 맞는다.

그날 저녁, 책들을 미리보기하고 포토리딩하는 모습을 상상해 보자. 다음 날 아침, 의욕에 넘쳐 일어난다. 자이언트 마인드맵을 만들고, 명확한 목적진술문을 세워 마인드맵 중앙에 적는다.

슈퍼리딩과 디핑을 하면서 관련 구절을 찾아 마인드맵에 추가한다. 어떠한 패턴이 나타나는 것을 알아차리면, 발견한 내용을 요약하기 위해 마인드맵 가장자리에 자신만의 용어 목록을 추가한다. 다루는 테마를 탐구한다. 저자들 간의 논쟁점과 관련된 중요한 관점들도 마인드맵에 추가한다. 신토픽리딩의 목적은 책의 내용을 파악하는 것이 아니라 자신의 목적을 달성하는 것임을 기억하자.

이 모든 정보의 누적된 힘을 느껴보자. 마치 모든 저자들이 함께하면서 당신의 목적에 대해 이야기하는 것 같다. 이 과정에서 얻은 가치 있는 인사이트를, 당신에게 가장 의미 있는 방식으로 적용하는 모습을 상상해 보자. 시각화를 마치면서 신토픽리딩의 짜릿함을 경험해 보자.

포토리딩 스토리 5

대학교 4학년인 한 학생은 졸업 시험을 준비하기 위해 포토리딩을 사용했다. 재학 마지막 학기에 취업 준비를 하느라 초중반에 공부를 제대로 하지 못해, 마지막 순간에 따라잡으려고 했다. 그는 시험 전날 밤에 패닉 상태로 LSC 공인 포토리딩 코치에게 연락했다. 대화를 나눈 후 그는 안정된 상태로 전환됐고, 시험 자료를 포토리딩했다. 저녁을 먹고, 운동을 한 후, 편안한 상태로 잠자리에 들었다. 그다음 날 그는 자신 있게 시험을 치렀고, 졸업 시험을 통과했다. 포토리딩은 그를 편안하게 해줬고, 정신 차리고 시험을 준비할 수 있게 해줬다.

포토리딩을 익힌 한 강사는 기술대학교의 감독관리 팀에게 주변부 인식 능력 발달에 대한 발표를 준비했다. 그녀는 배경 지식을 쌓기 위해, 열 권의 관련 서적을 포토리딩했다. 그녀는 신토픽리딩 전략을 사용해 책을 활성화했다. 프레젠테이션은 매우 성공적이었다. 관리 팀은 그녀를 또 다른 프레젠테이션 주제의 전문가로 초청했다.

한 회사의 CEO는 큰 성공을 이루기 위한 목적으로 신토픽 포토리딩을 적용해, 60분 만에 책 네 권을 검토했다. 그는 "신토픽 리딩을 사용하면 제가 다뤄야 할 어떤 주제든 해결할 수 있다는 자신감이 생깁니다."라고 말했다.

한 남성 포토리더는 몇 주에 걸쳐 여성 건강 문제에 관한 책을 20여 권 포토리딩했다. 그는 활성화를 진행하지는 않았다. 몇 달 후 그의 처제가 출산했다. 그녀는 출산에 문제가 발생해 자궁절제술을 받았다. 그와 가족들은 그가 요섬유종 종양, 자궁내막증, 문제의 주요 원인에 대해 가진 지식의 깊이에 놀랐다.

한 임원은 컴퓨터 문맹(타자도 겨우 칠 정도 수준)인 상태에서 컴퓨터 책, 잡지, 매뉴얼을 포토리딩해 컴퓨터를 일상에서 사용하게 됐다. "약 한 달 동안 이렇게 하고 나니, 갑자기 이해되기 시작했어요!"

한 편집자는 반복적으로 동의어 사전을 포토리딩했다. 그의 상사는 그의 글쓰기 속도와 명확성이 크게 향상됐다고 칭찬했다.

한 공인회계사는 본인의 전문 지식을 보강하기 위한 교육 세미나에 참석했다. 일찍 도착했기 때문에 발표 전에 배부 자료를 검토할 여유가 있었다. 포토포커스 상태에 들어가 그녀는 조용히 빠르게 자료를 검토했다. 교육 시간이 진행될수록 그녀는 자신이 주제를 확실히 이해했음을 깨달았다. 이전에 따로 공부하지 않았음에도 말이다. 그녀는 자료를 즉각적으로 이해한 것은 포토리딩 덕분이라고 여긴다.

한 임원은 이메일을 피하고 쌓아두는 대신 매일 3분 만에 이메일을 처리하게 됐다.

한 13세 소년이 멕시코에서 첫 포토리딩 과정에 참여했다. 그는 태어날 때부터 한쪽 눈으로만 볼 수 있었지만, 열정적으로 포토리딩 기술을 적용했다. 한 달 후, 선생님이 물었다. "포토리딩의 효과를 봤니?" 그의 대답은 사전을 건네주는 것이었다. 그가 여러 번 포토리딩한 사전이었다. 그는 말했다. "아무 단어나 말씀해 보세요. 그 단어가 페이지 어디에 있는지 알려드릴게요." 그는 10개 중 9개 단어의 위치를 정확히 맞췄다. 선생님은 "흠… 아마도 효과가 있는 것 같구나!"라고 말했다.

대형 발전소의 전기 기술자는 본인 경험이 거의 없는 주제에 대한 미팅에서 그룹을 이끄는 자신을 발견했다. 그는 자신이 가진 전문성을 도무지 이해할 수 없었다. 사무실로 돌아와 갑작스럽게 유입된 지식이 어디서 왔는지 궁금해했다. 그때 그는 최근에 포토리딩한 전문지 더미를 책장에서 발견했다. 가장 최근에 발행된 전문지에는 회의 주제에 대한 심층 분석이 포함돼 있었다.

한 우편 직원이 리소스 레벨 상태에서 컴퓨터에 우편번호를 입력했다. 그는 더 편안해졌고 이전보다 실수를 덜 했다.

한 자가 양조자가 맥주 제조에 관한 책을 포토리딩했다. 그날 밤 그는 새로운 레시피에 대한 꿈을 꿨고, 나중에 그것을 시도해봤다. 새로운 맥주는 역대 그가 만든 맥주 중 최고였다.

평균 정도 점수를 받던 학생이 문학 시험을 위해 소설을 포토리딩했고 100점을 받았다.

한 목사는 어느 저녁에 잠들기 전 성경의 한 부분을 포토리딩했다. 그는 성경 이야기와 그것이 그가 속한 교구의 성도 한 명의 삶의 문제와 어떻게 연관되는지에 대해 꿈을 꾸었다. 그는 그 통찰을 사용해 그 성도를 상담할 수 있었다.

12장
초보 포토리더를 위한 질문과 답변

포토리딩 홀 마인드 시스템을 이루는 기술과 테크닉을 단순히 아는 것만으로는 충분하지 않다. 당신은 실제로 기술을 개발하고 사용해야 한다. 그럴 때 질문이 떠오른다.

가장 흔한 질문은 '내가 제대로 하는 걸까?'이다. 이 질문에 대한 확실한 답을 얻으려면 각 단계를 수행할 때 지시사항을 따라야 한다. 이 책에 있는 지시사항은 당신 이전에 수십만 명의 사람들이 개발하고, 다듬고, 설명된 것들이다. 어느 단계든 의심이 든다면 해당 장을 다시 읽고 지시사항을 꼼꼼히 따라해 보자.

포토리딩 홀 마인드 시스템의 각 단계는 사용할 때 효과를 발휘한다. 예를 들어 비즈니스 보고서를 미리 본 후 2~3분 내에 보고서의 구조와 형식, 다루는 핵심 요점, 더 많은 시간을 투자할 가치가 있는지 알 수 있다. 이 테크닉으로 예상한 결과를 얻었나? 그렇지 않다면 이유가 있다.

우리는 가끔 참가자가 한 가지를 읽거나 듣고, 다른 것을 생각 뒤에, 결국 배운 것과 다르게 수행하는 것을 발견했다. 당신은 지시사항에 설명된 대로 단계를 수행했는가? 한 가지 테크닉으로 전체 목표를 달성하지 못하더라도, 정확한 방법으로 한다면 목표를 향해 차근차근 나아간다는 것을 알 수 있을 것이다. 아무리 작더라도 구체적으로 이뤄나가는 달성 지표에 주의를 기울이자. 이는 당신이 제대로 가는 중이라고 확신하게 돕는다.

지시를 따랐는데도 상충되는 결과가 나온다면, 과제에 대한 당신의 접근 방식이 방향을 벗어난 것일 수 있다. 이번 장의 다음 섹션에서는 당신이 올바른 길을 가는 방법에 대해 살펴본다.

포토리딩을 빠르게 배우려면 어떻게 해야 하나?

고등학생 때부터 당신은 단어를 소리 내 읽지 않고도 즉시 인식할 수 있었다. 당신은 이미 우리가 단어라고 부르는 정교한 시각적 패턴 배열에 매우 익숙하다. 그런데 당신은 왜 모든 단어를 소리 내 읽어야 한다고 느끼는가? 읽기를 배우면서 설치된 훈련 바퀴가 아직 떨어지지 않았을 수 있다. 포토리딩은 훈련 바퀴를 제거할 뿐만 아니라, 그 자리에 로켓을 설치하는 데 도움을 준다.

새로운 기술을 배우려면 오랫동안 굳어진 습관적 행동과 맞서게 된다. 당신은 자신에게 관대해야 한다. 학습은 좌절스러울 수 있으며, 특히 '그렘린^{gremlin}'이 있다면 더욱 그렇다.

그렘린은 부정적인 감정을 만들고 우리가 배우는 것을 막는 습관과 무력화하는 믿음이다. 리처드 카슨^{Richard Carson}이 그의 책 《작은 악마 그렘린^{Taming Your Gremlin}》에서 말했듯이, 이들은 골칫거리 같은 작은 생명체다.

그렘린을 어떻게 다뤄야 할까? 카슨에 따르면, 그들을 제거하려고 하면 오히려 더 커진다. 대신 그들과 놀아라. 그들을 죽도록 사랑하라. 더 구체적으로 '놉스^{NOPS}' 공식을 기억하라. 놉스는 알아차리기^{Notice it}, 받아들이기^{Own it}, 가지고 놀기^{Play with it}, 함께 머물기^{Stay with it}의 영문 앞 자를 따서 만든 용어다. 놉스를 사용하면 어떤 좌절감도 더 쉽게 다룰 수 있다. 더 이상 학습에 장애물이 되지 않을 것이다.

N — 감정을 알아차리기

감정에는 옳고 그름이 없다. 그저 존재할 뿐이다.

O — 경험을 받아들이기

좌절을 인정하라. 우리가 공개적으로 인정하는 문제는 해결 가능하다. 인정하지 않는 것들만 계속된다.

학습에 좌절을 느낄 때마다 위로가 되는 다양한 생각들을 떠올릴 수 있다. 옛 속담을 새롭게 해석해 보자. 첫 술에 배가 부르지 않았다면, 당신은 정상이다. 그러니 다시 해보자.

P — 경험을 가지고 놀기

내가 비행기에서 나선식 급강하했던 것처럼 혼란 속으로 뛰어들어 무슨 일이 일어나는지 보라. 혼란에 더 깊이 빠져보라. 스스로에게 질문을 던져보라. 처음에는 더 큰 혼란으로 이어질 수 있다. 그저 어린아이처럼 행동하라. 배우는 것은 괜찮다.

S — 함께 머물기

우리는 좌절을 너무나도 자주 포기의 신호로 해석한다. 대신 이 감정을 앞으로 나아가라는 초대로 보라. 그렇게 하면 독서에서 새로운 결과를 만들어 내기 시작할 것이다.

놉스를 염두에 두면, 포토리딩 홀 마인드 시스템을 배우는 것은 빠르고 부드러운 경험이 된다. 걸음마를 배우는 아이의 마인드셋으로 들어가는 데 도움이 된다. 넘어지는 것은 자책이나 공개적 굴욕의 시간이 아니다. 일어나서, 접근 방식을 조정하고, 다시 시도하라는 신호다. 놉스 공식을 사용하면 당신은 자신의 가장 좋은 응원자가 돼 빠르게 기술을 마스터할 수 있다.

포토리딩 단계 동안 내 성과를 어떻게 측정할 수 있을까?

포토리딩 단계에서는 성과 평가를 비전통적인 방식으로 해야 한다. 이 단계에서는 의식적 간섭을 최소화하는 것이 목표이기 때문이다. 포토리딩 중에 '내가 이걸 제대로 하는 건가?'라고 자문한다면 이미 늦었다. 당신은 제대로 하지 않았다.

이것은 마치 잠자는 사람에게 "잠들었나요?"라고 물을 때 생기는 딜레마와 같다. 질문하는 행위 자체가 주체를 그가 하던 경험에서 즉시 끌어내린다. 그 활동에 참여하는 것을 멈출 뿐만 아니라, 수행 중인 실험의 결과에도 부정적인 영향을 미친다.

마인드를 연구할 때는 전통적인 실험 모델이 작동하지 않는다. 실험자(또는 관찰자)가 주체이기도 한 실험에서는 문제가 생긴다. 마인드는 항상 자신의 실험 결과에 영향을 미친다. 따라서 포토리딩을 하면서 제대로 하는 것인지 궁금해한다면, 제대로 하지 않은 것이다. 당신은 그저 경험에 몰입해 자의식이나 자기 비판적 인식 없이 수행하면 된다.

포토리딩의 효과에 관해 연구하려면 포토리딩하는 동안 그저 몰입 상태에 머물러라. 나중에 경험에 대해 되돌아보고, 포토리딩을 할 때는 다음을 고려해 보라.

- 나는 신체적·정신적으로 이완하고, 마인드 리소스 레벨에 들어갔는가?
- 나는 집중력과 목적에 대한 확언을 진행했는가?
- 나는 이완된 상태에서 호흡하고, 페이지는 리듬감 있게 넘기고, 의식 마인드에서 챈트를 하면서 안정된 상태를 유지했는가?
- 나는 블립 페이지나 페이지 네 모서리와 여백에 대한 인식을 하면서 포토포커스를 유지했는가?
- 나는 마무리 확언을 했는가?

이 질문들에 모두 '예'라고 답한다면 포토리딩 단계를 올바르게 수행한 것이다. 포토리딩의 효과를 검토하려면 사후에 어떤 형태의 테스트를 해야 한다. 이런 테스트는 주관적이거나 객관적일 수 있다. 이 책 전반에 걸쳐 전 세계 포토리더들이 들려준

이야기를 실었다. 그들의 경험은 당신이 스스로 할 수 있는 테스트의 예시가 될 수 있다. 포토리딩 기법의 즉각적인 효과를 보여주는 데 도움이 테스트는 7장에서 찾을 수 있다.

포토리딩 홀 마인드 시스템을 배우는 초기 학습 단계에서는 성취감을 느낄 수 있는 도전을 하라고 권한다. 자신감을 쌓고 점점 더 큰 도전을 해보라. 다음 이야기에 나오는 것과 같은 TV 테스트를 할 준비가 되지 않았다면, 자신에게 맞는 것을 선택하라.

독일의 한 포토리더는 포토리딩 홀 마인드 시스템에 대한 뉴스의 테스트 대상자로 출연해 달라는 요청을 받았다. 인터뷰어, 제작진, 카메라의 주시 속에서 그녀는 제공된 여러 책 중 하나를 선택했다. 그녀는 미리보기, 포토리딩을 하고 질문을 만들었다. 다음 날 그녀는 슈퍼리딩과 디핑, 마인드맵으로 활성화했고, 총 45분을 책과 함께 보냈다. 그런 다음 카메라 앞에서 책에 대한 구체적인 질문을 받았다. 그녀는 모든 질문에 정확히 답했다.

뮌헨에서 강연할 때, 나는 5분짜리 TV 방송 영상을 보여주고 그 포토리더에게 자신의 경험을 그룹에게 이야기해 달라고 했다. 그녀는 말했다. "제가 그렇게 할 수 있다고 믿지 않았어요. 하지만 요청을 받았을 때, 중요한 결정에 직면했다는 걸 깨달았죠. 성공적으로 수행할 수 없다고 믿으며 남은 인생을 살거나, 도전을 받아들이고 진실을 알아낼 수 있었죠." 흥미롭게도, 청중 중에 한 남성은 자신은 그런 일을 할 수 있다고 상상하는 것조차 믿기 힘들다고 말했다. 불행히도 만약 그가 불가능하다고 믿는 마인드셋을 계속해서 유지한다면, 그는 결코 할 수 없을 것이다.

누구나 포토리딩을 배울 수 있나?

우리는 수십 개국에서, 다양한 언어로, 매우 다양한 배경과 독서 능력을 가진 9세부터 93세까지의 사람들에게 포토리딩을 가르쳤다. 모든 경우에 성공의 비결은 학습자의 마인드셋 또는 태도에 있었다. 결단력 있고, 끈기 있으며, 인내심 있는 태도를 유지해야 한다. 이 마인드셋은 오랫동안 '초심자의 마음 beginner's mind'으로 아름답게 묘사돼 왔다. 이는 우리를 새로운 독서 패러다임으로 이끈다.

포토리더로서 우리가 직면하는 큰 함정 중 하나는 이미 읽는 법을 안다는 것에서 온다. 우리의 이전 훈련은 적절한 속도와 이해 수준에 대한 어떠한 관념을 제공한다. 그런데 포토리딩을 익히면서 우리는 독서에 접근하는 방식을 바꿔야 하는 상황에 놓인다.

완전히 새로운 패러다임만이 마감 시간과 서류 폭풍의 압박을 헤쳐나가는 데 도움이 될 것이다. 나는 때때로 초보 포토리더들이 "포토리딩은 독서의 의미를 완전히 재정의해요."라고 말하는 것을 듣는다.

초심자의 마음을 유지하면 우리는 새로운 선택지를 엿볼 수 있는 곳으로 갈 수 있다. 이 개념은 고대 선불교로 거슬러 올라간다. 선사 순류 스즈키 Shunryu Suzuki 는 말했다. "초심자의 마음에는 많은 가능성이 있지만, 전문가의 마음에는 가능성이 거의 없다." 그는 덧붙였다. "우리는 무엇이든 소유하지 않는 초심자의 마음, 모든 것이 흐르는 변화 속에 있음을 아는 마음을 가져야 한다. 모든 것은 순간적으로만 현재의 형태로 존재한다."

오늘날 우리는 세상의 비영구성, 지속적 변화, 혼돈 앞에서 계속해서 초보자가 돼야 한다. 독서법을 재검토하는 것은 초심자의 마음이 필요한 한 예일뿐이다. 현기증이 날 정도의 변화 속도 속에서 우리는 더 많은 부분에서 초심자의 마음을 가져야 할 것이다.

포토리딩을 배우기 위해 선을 공부할 필요는 없다. 규칙을 세우고 전문가가 돼야 할 때는 있다. 또한 모든 것에 질문해야 할 때도 있다. 포토리더는 두 가지 상황에 모두 놓이며, 전문가와 질문자의 태도 모두 가진다. 우리는 목표를 설정하는 능력을 가진 의식적이고 이성적인 마인드를 존중한다. 우리는 또한 목표에 도달하는 창의적인 방법을 찾는 능력을 가진 마인드의 확장된 능력을 인정하고 사용한다.

포토리딩을 사용하면 당신은 현재의 독서 기술을 유지하면서 새로운 선택지를 얻는다. 글로 쓰인 자료와 새로운 관계를 맺을 뿐만 아니라, 혼란스러운 속도로 세상이 변할 때 어떻게 대응할지도 알게 된다. 초심자의 마음을 가진 성인으로서, 당신은 지속적인 학습의 기쁨을 재발견할 것이다.

이 시스템을 배우는 데 얼마나 걸릴까?

자동차 운전자로서, 나는 비행기 조종을 배우는 것이 익숙하면서도 낯설다는 것을 깨달았다. 포토리딩을 배우는 독자는 일반 독서와의 유사점과 급진적인 차이점을 경험한다. 익숙한 것을 배우는 데는 시간이 덜 걸리고 낯선 것을 배우는 데는 더 많은 시간이 걸린다.

새롭거나 특이한 것을 배우는 데는 네 단계가 있다. 걸리는 시간은 학습 단계를 어떻게 거치느냐에 따라 다르다. 포토리딩 학습에 적용되는 각 단계를 설명해 보겠다.

첫 번째 단계에서는 읽지 않은 자료들이 쌓여 있는 것을 보고 불안감을 느낀다. 그러나 이 문제의 근원이나 대응 방법을 인식하지 못한다. 삶에서 뭔가 잘못됐지만, 무엇을 고쳐야 할지 모른다.

이 단계에서는 두려움을 느끼는 것이 일반적이며, 때로는 문제 해결 가능성에 대한 흥분도 함께 나타난다. 이 단계를 '**무의식적 무능**Unconscious Incompetence'이라고 부른다.

다음으로, 현재의 독서 습관이 도움이 되지 않는다는 것을 깨닫는다. 사실 이런 습관들이 정보 불안의 주요 원인이다. 당신은 포토리딩에 대해 배우고 일부 기술을 시도하지만, 이 기술들이 낯설다. 이제 무엇이 문제인지, 무엇을 해야 하는지 알지만 아직 실행할 수 없다. 이 단계를 '**의식적 무능**Conscious Incompetence'이라고 한다.

세 번째 단계는 비약적 발전quantum leap을 의미한다. 포토리딩 기술을 사용하고 성공을 경험한다. 하지만 이 기술들이 아직 완전히 일상생활에 통합되지는 않았다. 여전히 글로 된 자료에 이 새로운 접근법을 사용해야 한다는 것을 떠올려야 한다. 이 수준을 '**의식적 유능**Conscious Competence'이라고 부른다.

마지막으로 숙달 단계에 들어선다. 이제 포토리딩이 너무나 익숙해져서 자동으로 한다. 이 기술들이 호흡만큼이나 자연스럽다. 글로 쓰인 자료와 새로운 관계를 맺을 뿐만 아니라 새로운 삶의 질을 경험한다. 읽지 않은 자료들의 양을 줄이거나 없애고, 독서의 목적을 지속적으로 충족시킨다. 이 단계를 '**탁월함**Excellence'이라고 부른다.

학습은 우리의 무능함을 의식적으로 깨닫는 단계를 거치는 것을 의미한다. 우리가 중요한 것을 모른다는 것이나 원하는 기술이 부족하다는 것을 아는 것이다. 이런 발견에는 종종 혼란, 좌절, 두려움, 불안이 따른다.

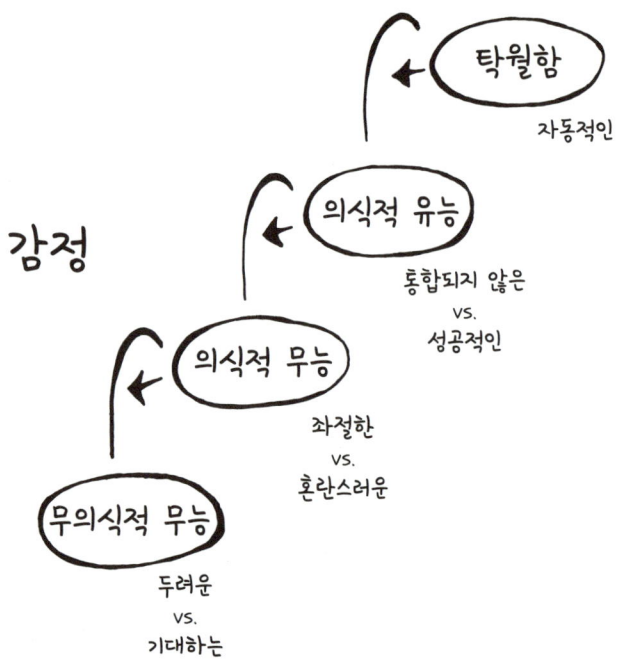

내 제안은 간단하다. 그 모든 것을 사랑하라. 포토리딩을 배우면서 어떤 감정이 일어나든 그것을 받아들여라. 당신이 경험하는 어떤 감정도 잘못된 것이 아니며, 모든 감정에는 목적이 있다. 혼란은 호기심을 만들어 낼 수 있다. 혼돈은 명확성으로 이어질 수 있다.

포토리딩 세미나를 열 때, 나는 사람들이 이런 감정들을 겪는다는 이야기를 듣는다. 사람들이 혼란스러워할 때, 나는 참석자들을 응원한다. 그들이 좌절감을 느낄 때, 나는 그들을 혼란에서 벗어나게 할 수 있는 방법을 빠르게 찾는다. 이 명백한 광기 뒤에는 중요한 통찰이 있다. 혼란은 우리가 탁월함으로 가는 길을 오르는 한 단계다. 혼란은 사람들이 학습 행위에 전념했다는 신호다.

반대로 확신을 가지고 오래된 믿음을 놓지 못하는 태도로 문제에 접근하면 좌절로 이어진다. 우리는 학습된 무기력 상태, 즉 알지 못하는 상태에 갇히게 된다. 이 두 경로는 다음 도표에 요약돼 있다.

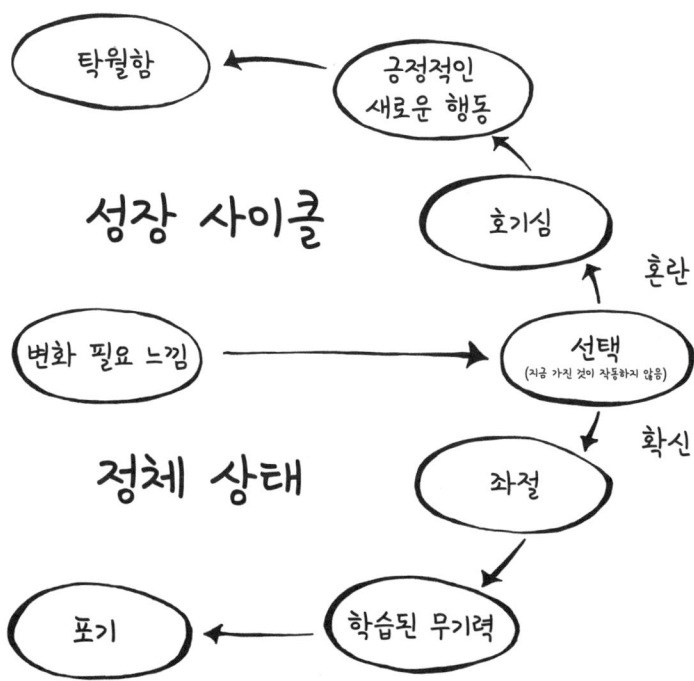

안타깝게도 우리의 교육은 종종 우리를 좌절의 길로 이끈다. 전통적인 교육 모델에서는 혼란이 실패와 같고, 좌절은 무능과 같다. 어떤 이들은 독서의 기쁨이 잃고 학습을 멈춘다.

포토리딩을 배우는 동안 어떤 감정을 경험하든 괜찮다. 감정적 상태나 혼란의 정도를 억누르지 마라. 다른 사람과 자신을 비교하며 '나는 이걸 제대로 못해. 다른 사람들은 다 이걸 해. 나는 왜 못할까?'라고 생각하지 마라. 그런 생각이 들면 그것을 완전히 인식하고 기꺼이 놓아줘라. 의식적 유능이 당신의 길로 오는 중이라는 것을 스스로에게 상기시켜라.

독서는 자아상의 핵심에 닿는다. 우리의 자아 개념은 종종 학습자로서 성공하는 것과 연결돼 있다. 학습 경험의 많은 부분은 독서와 연관이 있다. 사람들은 너무도 쉽게 자신을 형편없는 독자로 규정하고, 비효율적이라고 느낀다. 이런 좌절감은 우리의 자아상을 빠르게 손상시킨다.

이를 위한 대안은 학습 과정에서 오는 감정적 기복을 그저 받아들이는 것이다. 그것을 마치 자연스럽고 우아한 춤과 같이 보는 것이다. 그렇게 하면 탁월함에 이르는 길을 단축할 수 있다.

포토리딩 홀 마인드 시스템을 사용할 때 어떤 마음 상태여야 하나?

독서에 완전히 몰입했던 때를 생각해 보라. 독서 몰입 경험을 더 깊이 탐구하는 것은 중요하다. 그 순간에 당신은 노력 없이도 숙련된 독자로 변모했기 때문이다.

그런 때가 어땠는지 기억해 보라. 아마도 당신은 소설에 빠졌을 수도 있고, 연애 편지를 음미했을 수도 있다. 또는 추리 소설을 읽으며 상황을 유추해 보려고 했을 수도 있다. 어느 경우든 흥미로운 일이 일어났다. 주변에서 일어나는 다른 일들을 전혀 의식하지 못했다. 마치 당신 내면에 그려진 장면이나 감정이 눈앞에 놓인 책이라는 물체보다 더 중요한 것처럼 느껴졌다. 단순히 단어를 읽는 행위를 넘어, 다른 현실로 들어간 듯했을 것이다. 눈앞의 것보다 눈 뒤에서 일어나는 일이 훨씬 더 중요했다.

> 《도덕경》을 번역한 스티븐 미첼Stephen Mitchell은 몰입 상태를 다음과 같이 설명한다.
>
> 훌륭한 운동선수는 '신체 인식 상태'에 들어갈 수 있다. 이때 올바른 동작이나 움직임이 의식의 개입 없이 저절로, 노력 없이 일어난다. 이것은 가장 순수하고 가장 효과적인 행동 형태인 '비행동non-action 패러다임'이다. 게임이 게임을 하고, 시가 시를 쓴다. 우리는 춤꾼과 춤을 구분할 수 없다.

사람들이 이런 경험을 말로 묘사하는 방법은 놀랍도록 비슷하다. "시간과 장소에 대한 감각을 완전히 잃은 것 같아요.", "페이지에서 단어를 의식하지 않았어요.", "마음속으로 영화를 보는 것 같아요.", "노력 없이 단어를 흡수한 것 같아요.", "단어가 페이지에서 마음으로 흘러 들어왔습니다."

위와 같은 상황을 몰입flow이라고 표현한다. 이 경험의 주요 특징은 '편안함, 유동성, 노력 없음, 흡수, 집중, 부드러움, 이완, 효율성, 향상된 생산성' 등이다. 이 경험은 마치 의식이 변형된 상태처럼 들리지만, 비정상적인 것은 아니다. 인류는 수백 년 동안 이와 같은 '몰입 경험'에 대해 알았다. 오랜 세월 동안 다양한 용어로 이를 묘사해 왔다. 중국의 《도덕경》에서 노자는 무위(無爲), 즉 노력 없는 행동에 대해 말한다. 심리학자 아브라함 매슬로우Abraham Maslow는 이와 유사한 '절정 경험peak experiences'에 대해 이야기했다.

시카고대학교의 심리학자 미하이 칙센트미하이Mihaly Csikszentmihalyi는 누구나 몰입 상태를 경험할 수 있다고 밝혔다. 그는 연구 대상으로 사무직원, 조립 라인 근로자, 운동선수, 엔지니어, 관리자들을 포함했다. 그는 몰입 상태가 최면이나 명상과 같은 잘 알려진 현상과 강한 유사성을 보인다고 말한다.

아… 우리가 어떤 스위치를 딸깍 하고 눌러서, 독서할 때마다 그 몰입 상태에 들어갈 수 있다면 얼마나 좋을까? 우리는 깊은 집중 상태에 있을 것이고 노력이나 긴장 없이 부드럽고, 빠르고, 효율적으로 독서나 일을 할 수 있을 것이다. 동시에 이완되고, 활동적이며, 각성된 상태일 것이다. 읽기는 마치 산들바람처럼 쉬워질 것이다. 소설만큼이나 기술적인 정보도 쉽게 흘러갈 것이다.

포토리딩 홀 마인드 시스템이 바로 그 스위치다. 몰입 상태는 당신이 가지고 태어난 권리이며 인간으로서 가진 잠재력 중 하나다. 몰입 상태가 우연히 일어나기를 바라는 대신, 당신은 포토리딩으로 이 경험을 선택할 기회를 얻는다. 이 상태는 우연적으로 발생하는 것이 아니며, 우리 몸 밖에서 일어나는 경험이 아니다. 오히려 자연스럽게 일어나는 것이다. 그 비결은 모든 독서 중에 이를 습관화하는 것이다.

가속학습과 포토리딩의 공통점은 무엇인가?

어린 시절, 당신은 걷고 말하기라는 엄청난 과제를 달성하기 위해 자연스럽게 가속학습 전략을 사용했다. 성인으로서 배우는 어떤 것도 걷기와 말하기라는 과제의 복잡성과는 비교할 수 없다.

가속학습 기술은 어린 시절부터 지금까지 당신과 함께했다. 오랜 시간 동안 남용, 오용, 불용으로 가려졌을 뿐이다. 당신은

279

그저 숙련도를 다시 깨우고 독서 작업에 적용하기만 하면 된다. 포토리딩 홀 마인드 시스템은 가속학습에서 많은 영향을 받았으며, 이를 쉽고 재미있게 배우고 사용할 수 있게 만든다.

가속학습 연구에서 가장 잘 알려진 연구자 중 한 명은 불가리아의 심리학자 게오르기 로자노프 Georgi Lozanov 박사다. 그는 우리가 뇌 용량의 겨우 10퍼센트만 사용한다는 주장을 뒷받침하는 많은 논문을 썼다. 그와 그의 연구진은 우리 마인드의 나머지 90퍼센트 능력을 체계적으로 활용하는 법을 배울 수 있다고 믿는다. 그는 이 발견을 학습을 위한 응용 시스템으로 발전시켰다.

로자노프의 메서드는 뇌의 양쪽 반구가 조화롭게 팀으로 함께 작동하게 만든다. 이렇게 되면 우리의 학습 능력은 기하급수적으로 증가한다.

로자노프는 당신이 방대한 양의 정보에 노출돼도 그것을 노력 없이 흡수하고 필요할 때 사용할 수 있다고 주장했다. 이는 정보 과부하와 문서 쇼크 시대에서 생존하는 데 딱 필요한 기술이다.

로자노프 학습 방법에는 세 가지 핵심 단계가 있다. 해독 Decode, 콘서트 Concert, 활성화 Activate다. 이 단계는 포토리딩 홀 마인드 시스템과 유사하다.

해독은 '가볍게 한 번 훑어보기'로, 배울 자료에 대해 빠르게 보는 방식이다.

콘서트 세션 동안, 학습자들은 편안한 각성 상태에 들어가 자료에 완전히 노출된다. 이 정보는 종종 이야기나 연극 형태로 제시되며 배경에선 클래식 음악을 연주한다.

마지막으로 학습자들은 자료를 활성화한다. 즉 의식 마인드로 불러와 적용한다. 암기와 반복 학습 대신 활성화는 그룹 토론, 게임, 연극, 다른 비전통적인 메서드들을 사용한다.

연관성이 보이는가? 로자노프의 해독-콘서트-활성화는 우리의 미리보기-포토리딩-활성화와 같다. 포토리딩 홀 마인드 시스템은 로자노프 방식의 많은 측면을 포함하며, 포토리딩 세미나의 교육 방식도 마찬가지다.

내가 의식적 이성 마인드에 너무 많이 의존할 때, 무엇을 더 할 수 있을까?

1980년대 초, 하버드 심리학자 하워드 가드너^{Howard Gardener}는 로자노프의 작업을 보완하는 아이디어를 개발했다. 가드너는 우리의 학교 교육이 주로 두 가지 종류의 지능에 초점을 맞춘다고 말했다. 언어와 논리와 관련된 것이다. 그러나 가드너는 이 두 가지 영역은 지능이라는 큰 그림에서 작은 부분일 뿐이라고 결론지었다. 지능에 대한 더 정확한 관점은 다음 여덟 가지 능력을 모두 포함한다.

- **언어 지능**: 언어로 세상을 능숙하게 묘사하는 능력

- **논리-수학 지능**: 수학 기호로 세상을 표현하고 논리 규칙에 따라 그 기호들을 조작하는 능력

- **음악 지능**: 멜로디, 리듬, 화음, 음색의 비언어적 '언어'를 감상하고 사용하는 능력

- **공간 지능**: 시각적 세계를 정확하게 인식하고 마인드나 종이 위에 재창조하는 능력

- **신체-운동 감각 지능**: 숙련된 자기 표현이나 학습 도구로 몸을 사용하는 능력

- **인간친화 지능**: 다른 사람의 감정과 욕구를 인식하고 이해하는 능력

- **자기성찰 지능**: 개인적 가치를 명확히 하고 고독에서 통찰을 얻는 능력

- **자연 지능**: 자연 세계에서 패턴을 보고 사물을 구별하고 분류하는 능력

당신이 무언가를 능숙하게 배웠던 때를 생각해 보라. 여덟 가지 지능 중 어떤 것을 사용했는지 고려해 보라. 당신은 이미 학습에서 뛰어나지는 방법을 알고 언제든 다시 그렇게 할 수 있다.

당신이 이미 가진 강점을 활용하라.

당신의 직관과 함께 여덟 가지 지능을 모두 독서에 적용한다고 상상해 보라. 포토리딩 홀 마인드 시스템은 당신이 정확히 그렇게 하도록 돕는다. 독서할 때 모든 지능을 깨운다. 이런 의미에서 포토리딩은 독서 프로그램이 아니라 학습 프로그램이다. 무언가를 배우기 위한 전략의 집합이다. 무엇이든 말이다.

활성화는 어떻게 뇌의 확장된 처리 능력을 활용하는가?

《아인슈타인 팩터 The Einstein Factor》의 저자 윈 웽거 박사 Win Wenger에 따르면, 뇌의 비의식 저장 용량은 의식 마인드 용량 대비 100억 대 1 수준으로 더 많다고 한다. 이것이 활성화 중에 당신이 끌어오는 비의식 마인드의 비축 공간이다.

활성화의 한 예는 이름을 기억할 때 종종 일어나는 '설단 현상'이다. 당신은 아마도 파티나 모임에서 낯이 익은 사람을 보고 그 사람의 이름이 생각나지 않을 때를 경험해 봤을 것이다. 당신은 잠시 동안 이름을 떠올리려 노력한다. 이는 당신 뇌의 신경회로를 자극한다. 그런 다음, 몇 분 후 갑자기 이름이 마음에 떠오른다. 종종 다른 사람과 이야기하는 중에, 의식적으로 기억하려 하지 않을 때 일어난다. 당신의 뇌는 처음 그 사람의 이름을 배웠을 때 형성된 신경 경로를 자극해 이름을 기억해 냈다.

활성화는 더 큰 규모로도 일어날 수 있다. 내가 잘 아는 한 작가는 명상을 하는데, 이는 포토리딩에서 우리가 기르는 편안한 각성 상태에 들어가는 또 다른 방법이다. 그는 특히 원고의 내용이나 구조로 고심할 때 명상 중에 가장 좋은 아이디어가 떠오른다고 말한다. 종종 책 전체의 개요가 이런 식으로 그의 생각에 떠오른다.

모든 유형의 예술가는 그들의 삶에서 비슷한 사건을 묘사한다. 저명한 미국 작곡가 에런 코플랜드 Aaron Copland는 곡을 쓸 때 내면에서 자발적으로 피어오르는 주제를 받아쓰는 것으로 시작한다고 말했다. 그는 《음악에서 들어야 할 것 What to Listen for in Music》에서 이렇게 말했다.

> "작곡가는 자신의 주제로 시작하는데,
> 그 주제는 하늘에서 온 선물이다.
> 그는 그것이 어디서 오는지 모르며
> 그것을 통제할 수 없다.
> 그것은 거의 누군가 그냥 써주는 것과 같다.
> 그래서 그는 매우 자주 책을 가지고 다니며,
> 주제가 올 때마다 적어 둔다."

이런 깊은 창의성을 끌어내기 위해 위대한 작곡가나 작가가 될 필요는 없다. 당신은 편안한 각성 상태에서 의식 마인드에 떠오르기를 바라는 생각을 부드럽게 요청하기만 하면 된다.

여기에는 포토리딩을 위한 깊은 의미도 담았다. 포토리딩을 잘하기 위한 비결은 방해하지 말고 그냥 자신이 포토리딩하도록 놔두는 것이다.

열심히 노력하면
내 기술을 발전시키는 데 도움이 될까?

포토리딩은 역설적인 것들을 모은 것으로 보일 수 있는데, 실제로 그렇다. 내가 당신에게 제안하는 것을 한번 생각해 보라. "독서에서 더 많은 것을 얻기 위해 시간을 덜 쓰세요.", "더 많은 정보를 얻기 위해 의식적 이해를 걱정하지 마세요.", "독서에서 성공하기 위해 열심히 노력하기를 그만두고 놀기 시작하세요.", "원하는 것을 얻기 위해 결과에 대한 집착을 내려 놓으세요."

한 세미나에서 포토리딩의 역설적인 특성을 완벽히 이해한 여성을 만났다. 우리가 책을 포토리딩하기 시작한 후 곧, 그녀의 이해력 테스트 정답률이 90퍼센트 범위까지 올라가 그 수준을 유지했다. 어떻게 그런 일이 일어났는지 물었을 때 그녀는 이렇게 대답했다. "처음부터 제가 증명할 것이 아무것도 없다고 결심했어요. 테크닉을 쓸 수 있으면 좋고, 못 써도 괜찮아요. 제게 중요한 것은 단순히 독서에 대한 새로운 접근법을 경험하는 것이에요."

내가 포토리딩을 가르치는 곳 어디서나 성공적인 포토리더들에게서 같은 태도를 발견한다. '정말 잘하기 위해 열심히 노력하는' 사람들은 포토리딩을 하면서 종종 큰 책임감으로 자신을 구속한다. 그들은 즉시 홀 마인드 독서 시스템을 증명하거나 반증해야 할 개인적인 의무를 느낀다. 이는 덧셈을 배우기도 전에 미적분 기말고사를 치르려는 것과 같다. 그리고 본인의 수학 실력은 형편없다고 한다.

당신이 처음부터 포토리딩에 대해 모든 것을 믿을 필요는 없다. 이 기법에 약간 회의적인 관점은 괜찮다. 무수히 많은 증언이 있어도, 당신 자신의 노력으로 얻은 결과를 대신할 수 없다. 다만 포토리딩을 시도해 보며 즐거운 놀라움을 경험하는 데 열려 있기를 바란다. 성공의 필수 조건은 열린 마음이다.

나는 사람들에게 포토리딩 경험에 천천히 익숙해지라고 권한다. 즐기고, 혼란을 받아들이고, 그렘린을 길들이라고. 역설적이게도 우리가 성공하려고 너무 애쓰지 않을 때 우리의 직관은 꽃을 피운다. 우리는 학습에 대한 자연스러운 기술을 되살릴 것이다. 성공이나 실패에 대한 집착을 놓을 때, 우리는 원하는 것을 얻기 시작한다.

내가 필요한 이해 수준에 언제 도달할 수 있을까?

포토리딩 홀 마인드 시스템은 글을 여러 번 훑어보는 것을 기반으로 한다는 것을 기억하라. 먼저 목적을 정하고 미리보기를 한다. 그 다음 선택에 따라 포토리딩, 다시보기, 슈퍼리딩과 디핑, 스키터링, 래피드리딩을 할 수 있다.

이해는 층층이 쌓인다. 미리보기로 구조를 파악한다. 시스템의 나머지 단계를 사용하면 그 기초 위에 쌓아 올려, 우리의 목적과 일치하는 이해 수준에 도달한다. 이 접근법은 우리를 자유롭게 한다.

아마도 완전한 이해가 늦어지는 것처럼 느껴질 수 있다. 원하는 만큼 빨리 독서에서 원하는 것을 얻지 못하는 느낌을 받을 수 있다. 내 제안은 이런 느낌을 놉스 공식으로 맞이하고 무엇이 나타나는지 발견하라는 것이다.

N: 알아차리고
O: 받아들이고
P: 가지고 놀며
S: 유지하라

예를 들어 한 포토리더는 박사 과정 중 한 세미나를 위해 2만 페이지를 읽어야 했다. 그 프로그램에서 대부분 학생들은 필요한 독서를 마치고 논문을 쓰는 데 6~9개월이 걸린다. 그는 일주일 동안 미리보기와 포토리딩을 했다. 다음 주에 책을 활성화하고 논문을 쓰려고 했지만, 아무것도 떠오르지 않았다. 그는 자신이 자료 내용을 알 것이라 기대했다. 좌절감에 그는 모든 것을 포기하고 일주일을 낭비했다고 느꼈다.

다음 주에 그는 '초심자의 마음'으로 들어가는 실험을 했다. 그는 다시 한번 책들을 활성화했고, 이번에는 모든 것이 이해가 된다는 사실에 놀랐다. 글쓰기가 술술 진행됐고, 프로그램을 마치고 A를 받았다. 그의 총 투자 시간은 시작한 시점부터 단 3주였다.

두 번째 주의 활성화가 낭비였을까? 아니면 최종 결과를 얻기 위해 필요한 인큐베이션과 미세 조정 기간이었을까?

한 포토리딩 수강생은 자신의 경험을 이렇게 설명했다.

"포토리딩 홀 마인드 시스템을 사용할 때, 실제로는 제가 독서에 추가적인 단계를 더했음을 깨달았습니다. 자연스럽게 거부감이 들었죠. '그냥 읽으면서 예전 방식으로 이해할 수도 있잖아. 아니면 이 새로운 시스템을 써서 활성화하기 전에 미리보기와 포토리딩까지 해야 해. 그런데 '왜' 굳이 그렇게 해야 하지? 그냥 바로 읽으면 되지 않나?'라는 생각이 들었습니다.

저는 수년간 제 아이들에게 러닝 커브 learning curve 의 앞부분에 조금 더 투자해야 보상이 온다고 말해 왔습니다. 학교에 갈 때 필요한 건 정보가 아닙니다. 당신이 무언가를 실제로 어떻게 배우는지를 배우는 것입니다. 그래서 실제 세상에 나갔을 때, 인생에서 원하는 곳에 갈 수 있게 되는 것이죠. 여기서 나는 내가 조언한 것을 스스로 따르지 않았던 겁니다!

곧 앞부분에 투자한 몇 분이 엄청난 배당금을 가져다준다는 것을 발견했습니다. 미리보기와 포토리딩에 5분을 투자함으로써, 보고서 읽는 시간을 몇 시간씩 절약할 수 있었습니다. 일반적으로 20시간이 걸리던 책을 읽는 데 10~18시간을 절약할 수 있었습니다."

이번 장을 요약하자면, 당신은 이번 장에서 아래와 같은 내용에 관해 배웠다.

- **놉스 NOPS 공식: 알아차리기, 받아들이기, 가지고 놀기, 함께 머물기는 학습을 방해하는 좌절스러운 습관을 극복하는 데 도움을 준다.**

- **초심자의 마음은 포토리딩 홀 마인드 시스템 동안 유지해야 할 완벽한 마인드셋이다.**

- **새로운 기술을 배울 때 거쳐야 하는 학습 과정은 네 단계가 있다.**

- **혼란스러운 감정은 학습 활동 중에 적절한 경험이다.**

- **포토리딩 홀 마인드 시스템은 의식의 몰입 상태를 사용한다.**

- **로자노프 박사의 가속학습은 포토리딩 홀 마인드 시스템의 모델이다.**

- 우리는 포토리딩 홀 마인드 시스템과 가드너 박사가 설명한 여덟 가지 지능을 모두 함께 사용해, 독서를 다차원적이고 더 유용하게 만든다.

- 포토리딩하는 동안 우리가 접근하는 확장된 데이터베이스는 의식 마인드의 데이터베이스 대비 100억 대 1 수준으로 더 크다.

- 이해는 단계적으로 달성된다. 역설적으로 보일 수 있지만, 이해라는 목표 달성을 위해서는 이해하려는 마음을 놓아줘야 한다.

포토리딩 홀 마인드 시스템은 작동한다. 당신의 삶에서 그 이점을 입증하기 위해 사용하라. 당신은 포토리딩으로 얼마나 쉽게 결과를 얻을 수 있는지 경험하고, 당신의 마인드를 개인 발전의 적극적인 동맹군으로 활용할 수 있을 것이다. 13장에서는 저자들에게 직접적으로 배우는 강력한 단계를 탐구할 것이다.

13장
직접학습으로
당신의 천재적 잠재력을 발견하라

러닝 스트래티지스 코퍼레이션LSC에서 우리는 종종 클라이언트에게 이렇게 묻는다. "여러분은 이제 포토리딩을 할 수 있게 됐습니다. 당신의 뇌는 무엇을 더 할 수 있을까요?" 우리가 진지하게 묻는다는 것을 깨달은 그들은 "포토리딩 다음 단계는 무엇인가요?"라고 질문한다.

포토리딩 세미나를 처음 개발한 이후, 나는 단순히 정보를 모으는 것을 넘어 포토리딩을 더 크게 확장하는 놀라운 능력에 접근하는 방법들을 발견했다. 이번 장에서 제시하는 세 가지 개념은 당신이 강력한 새로운 기술을 즉시 검토하고 즐기는 데 도움이 될 수 있다.

'직접학습 direct learning'의 기적을 경험하라

포토리딩을 가르치기 시작했던 초창기 이야기다. 우리는 수강생들이 테니스, 골프, 라켓볼, 피아노 연주, 타이핑, 대중 연설 등의 기술에서 일어난 자발적인 향상을 알려줄 때 놀랐다. 이 일화들은 예외 없이 신토픽리딩과 관련이 있었다. 포토리더가 개인적으로 아주 관심 있는 주제와 분야의 책을 신토픽리딩으로 읽었을 때, 어떠한 방식으로든 실제 기술이 향상되었다.

이렇게 자발적으로 기술이 향상된 사례는 성인 교육 영역에서 전통적인 지혜로 여겨온 부분에 강한 도전을 제기한다. 나는 지식 습득과 기술 개발은 매우 다른 학습 활동이라고 배워왔다. 그러나 앞서 설명한 사례 덕분에, 물리적인 행동 연습 없이도 행동 부문에서 학습이 일어날 수 있는지 고려해 보기 시작했다.

나와 동료들은 다음과 같은 가설을 세웠다. 포토리딩이 정보를 전의식적으로 뇌에 입력하기 때문에, 뇌가 인지 과정에서 신경 연결을 만드는 것과 유사하게 행동을 위한 신경 연결도 만들어 낼 것이라는 추측이었다. '암묵적 학습 implicit learning'은 의식적이거나 '명시적 explicit' 기억 없이 이뤄지는 학습이다. 이에 관한 문헌은 우리의 가설이 맞을 수 있다고 시사한다.

명시적 학습과 암묵적 학습의 차이는 머리가 아는 것과 몸이 아는 것의 차이로 생각할 수 있다. 명시적 기억은 의식적으로 떠올릴 수 있는 사실들을 아는 것과 관련된 학습이다. 암묵적(또는 내포된) 기억은 어떻게 하는지 설명할 수 없지만, 수행 가능한 기술에 관한 학습이다.

신경학자 리처드 레스탁$^{Richard\ Restak}$ 의학박사에 따르면, 두 가지 유형의 기억에는 두뇌의 서로 다른 부분이 관여한다. 실제로 명시적 학습을 담당하는 뇌 부위에 손상을 입은 사람도 여전히 배울 수 있다는 것이 입증됐다. 뇌의 손상 때문에 배웠다는 의식적인 기억은 없지만 여전히 과제를 수행하는 법을 익힐 수 있었다.

포토리딩이 뇌의 암묵적 학습 및 기억 시스템을 자연스럽게 활성화하는 것은 아닐까? 이 아이디어를 실험해 보기 위해 남아프리카 출신 의사 이지 카체프$^{Izzy\ Katzeff}$는 포토리딩 중 활성화되는 뇌 부위를 추적하는 뇌 연구를 제안했다. 미국 재향군인병원의 의사팀은 이 연구를 받아들였다.

핵의학 전문의인 이르마 몰리나$^{Irma\ Molina}$ 박사와 산드라 그라시아$^{Sandra\ Gracia}$ 박사가 이끈 연구팀은 포토리더들을 대상으로 뇌 연구를 수행했다. 소규모 피험자를 대상으로 한 그들의 연구 결과는 연구위원회가 추가 연구를 모색하도록 관심을 끌었다.

당신이 발전시키고 싶은 기술에 관한 여러 권의 책을 포토리딩한 이후에, 그 기술이 필요한 상황에서 갑자기 그 기술을 활용할 수 있다는 것을 생각해 보라. 우리는 이러한 암묵적 학습을 일종의 자발적으로 활성화로 볼 수 있다. '직접학습$^{direct\ learning}$'은

직접적인 행동 활성화 현상을 활용하기 위한 우리의 체계적인 접근 방식이다.

직접학습 단계

다음은 직접학습 연습을 스스로 진행하는 방법이다.

- 당신이 원하는 새로운 행동이 무엇인지 알라. 구체적일수록 이 과정은 더 잘 작동한다. 배우고자 하는 강한 개인적 욕구가 있는 행동이어야 한다.

- 해당 주제를 다룬 권위 있는 책 여러 권을 선택하라. 중요한 것은 이 책이 당신이 원하는 새로운 행동에 대한 내용을 실제로 다뤄야 한다는 점이다. 실용적이고 구체적인 방법을 다루는 책을 선택하라. 이론에 관한 책도 실제 적용을 다룬다면 도움이 될 수 있다. 이는 저자가 수년간 얻은 지식과 기술, 여러 책에서 얻은 핵심 아이디어를 담은 책들이다. 이 정보를 당신의 신경회로에 다운로드한다고 상상해 보라.

- 책들을 포토리딩하라. 각 책을 읽기 전에 목적을 명확히 진술하고, 읽은 후에는 확실한 마무리 확언하기를 잊지 마라. 한 책을 읽고 다음 책으로 넘어가는 사이에 잠시 스

트레칭을 하거나 물을 마시는 것도 좋은 방법이다. 진행하는 동안 집중 상태와 편안한 상태를 유지하라. 책 사이에 주의가 산만해진다면, 잠시 시간을 내어 상태를 회복하라.

- 행동을 이끌어 내도록 마인드에게 지시하라. 어린 시절 '가장놀이Playing Pretend'를 하던 때를 기억하라. 게슈탈트 치료사들은 이를 '마치 ~인 것처럼 놀기Playing As If'라고 부른다. 미래에 대한 멘탈 시뮬레이션을 보는 것으로, 당신은 행동에 필요한 정보를 뇌에 인코딩한다. 이것이 직접학습 활성화 단계. 정보는 적절한 맥락에서 자발적으로 활성화될 것이다. 직접학습의 전체 절차는 나의 책《내추럴 브릴리언스: 정체된 느낌에서 성공 달성으로 나아가기Natural Brilliance: Moving from Feeling Stuck to Achieving Success》에서 찾을 수 있다.

직접학습 과정을 수행할 때, 나는 의식적으로 책을 활성화하지 않기를 제안한다. 의식 마인드가 과정에 개입하려 하기 때문이다. 미국 문화에 속한 대부분 사람들은 '청교도적 노동 윤리Puritan Work Ethic'에 따라 교육받았다. 이는 '보상을 얻기 위해서는 열심히 일해야 한다.'는 의미다. 운동 코치가 "고통 없이는 얻는 것도 없다No pain, no gain."라고 말하며 노력과 고난이 성공으로 가는 가장 빠른 길이라는 생각을 강화했을 수도 있다. 직접학습은 내면의 마인드가 성공으로 가는 '최소 저항의 경로path of least resistance'

를 제공할 수 있음을 보여준다. 이는 전통적으로 우리가 가정하는 관념에 도전한다. 삶을 수월하게 사는 것이 실제로 가능한 선택지라면, 그렇게 해보지 않을 이유가 있을까?

요약하자면 직접학습 과정은 "당신은 무엇을 원하나요?"에 답하게 한다. 이 질문에 명확히 답할 수 있다면, 당신은 원하는 바를 이루는 길에 잘 들어선 것이다. 직접학습으로 당신은 필요한 기술 사용을 장려하는 책들을 포토리딩한다. 그런 다음 목표를 달성해 즐기는 미래의 순간을 상상한다. 이는 당신의 뇌에게 미래의 성공을 이루는 데 필요한 행동을 자발적으로 만들어 내라고 지시하는 것이다.

당신의 뇌를 개인과 전문 영역에서 발전을 돕는 동맹자로 여겨라. 뇌에 도움을 요청하고, 그것이 당신을 위해 놀라운 일을 보여줄 것이라고 믿어라.

내추럴 브릴리언스 모델 활용하기

당신은 당신이 가진 천재적인 잠재력을 쉽게 깨달을 수 있다. 포토리딩이 그 시작점이 된다. 평생학습을 위한 4단계 내추럴 브릴리언스 모델은 당신을 올바른 궤도에 유지시켜 준다.

내추럴 브릴리언스는 삶에서 막혀 있다고 느끼는 영역에서 지속적으로 성공을 이루는 과정이다. 그 단계는 다음과 같다. 놓

놓아주기Release, 알아차리기Notice, 반응하기Respond, 목격하기Witness. 이 단계는 《내추럴 브릴리언스》와 〈내추럴 브릴리언스 퍼스널 러닝 코스 Natural Brilliance Personal Learning Course〉에서 자세히 다룬다.

첫 번째 단계인 '놓아주기'에서는 몸의 긴장을 푼다. 몸과 마음을 이완하는 것은, 학습을 위한 최적의 상태인 편안한 각성 상태를 촉진하는 필수 단계다.

긴장과 저항은 현재 상황을 바꾸려는 사람에게 나타나는 주된 특징이다. 긴장과 스트레스는 역설적으로 우리의 주의를 좁게 만든다. 우리는 미세한 세부사항을 관리하느라 큰 그림을 놓친다.

당신은 여러 가지 방법으로 이러한 상황을 편안하게 놓아줄 수 있다. 자세, 초점, 호흡, 생각을 바꾸면 진정 효과를 낼 수 있다. 몸과 마음에서 긴장과 압박감을 빼냄으로써, 당신의 성장을 막는 행동을 자동으로 최소화한다. 동시에 감각 시스템의 자연적인 예민함을 회복해, 새로운 정보와 선택을 할 수 있도록 만든다.

놓아주기로 당신은 좀 더 먼 시야를 가진다. 마치 이마를 나무에서 떼고 숲을 볼 수 있을 만큼 물러나는 것과 같다. 감각 시스템을 다시 돌아오게 만들면, 터널처럼 좁은 시야에서 벗어나 세상이 열린다.

두 번째 단계인 '알아차리기'는 현재에 주의를 기울이며 인식을 높인 상태로 들어가는 것이다. 현재 순간에 주의를 기울이고 집중하면, 우리의 창의성이 활성화돼 다양한 가능성과 효과적인 대응 방법을 스스로 찾아내게 된다.

마인드의 속도는 엄청나다. 내면 마인드는 의식 마인드가 따라갈 수 있는 것보다 훨씬 빠르게 연관성을 만든다. 적절한 방향이 주어지면, 홀 마인드는 사실상 어떠한 문제 해결 과제도 수행할 수 있다.

정체된 상태에 있는 사람은 앞으로 나아가고자 하는 욕구와 동시에 뒤로 물러나고 싶은 마음 사이에서 갈팡질팡한다. 이는 목표는 바람직하지만 잠재적인 실패나 처벌을 생각할 때 일어난다. 놓아주기와 알아차리기를 조합하면, 당신은 이러한 갈팡질팡한 상태와 정체된 상태에서 벗어날 수 있다.

알아차리기는 당신 주변의 환경과 내면에서 일어나는 일을 인식하는 것이다. 이는 현재 상황에서 자신의 행동을 인식하는 능력을 기르는 데 도움을 준다. 외부 경험과 내적 경험에 대한 풍부한 정보를 바탕으로 결정을 내리고, 사람들과 사건에 반응할 수 있다.

'자신을 밖에서 바라보는' 인식으로 균형을 위한 가능성을 열 수 있다. 정체된 상태는 마치 시소 위를 왔다 갔다 달리면서 균형을 잡으려고 하는 것과 같다. 알아차리기로 당신은 시소 위 정신없는 상태에서 벗어나, 시소 옆으로 뛰어내릴 수 있다. 이렇게 해서 시소의 균형을 잡을 수 있다. 이와 같은 방식은 시소 위에서 균형을 잡기 위해 애쓰는 것보다 훨씬 쉽다.

놓아주기와 알아차리기 단계를 결합하면, 최적의 학습 상태
인 편안한 각성 상태에 도달할 수 있다. 편안한 각성 상태를 개
발해 정보의 기반을 넓혀라. 그러면 당신은 다양한 선택지 안에
서 반응할 수 있을 것이다.

3단계인 '반응하기'는 변화를 발견하기 위해 실행하는 것이
다. 무언가를 실행하는 것은 흔들리는 진동을 증가시킬 수도 있
고, 만족스러운 결과로 이끌며 진동을 줄이기도 한다. 당신의 행
동은 상황을 더 좋게 만들 수도 있고 아닐 수도 있다. 어느 경우
든 시스템 안에서 움직이는 것은 실제적이고 즉각적인 피드백을
제공한다.

당신의 뇌가 어떤 행동(또는 행동하지 않음)으로 상황이 더
좋거나 나쁘게 된다는 것을 인식할 때, 변화는 시작된다. 또한
원하는 결과를 얻기 위한 첫 단계를 밟는다. 삶을 더 좋게 만들
수 있다고 느끼면, 자신감과 자존감을 높이는 긍정적인 효과를
만들어 낸다.

4단계인 '목격하기'는 당신이 원하는 성공을 만들어 내는 주
도권을 당신에게 준다. 목격할 때, 당신은 판단하지 않고 학습이
일어나는 것을 관찰하는 입장에 서게 된다. 3단계에서 한 반응
이 성공했는지 실패했는지는 중요하지 않다. 중요한 것은 학습
으로 이어질 수 있는 피드백을 얻는 것이다. 이 단계에서는 안전

하고 축복받은 느낌을 받는다.

새로운 수준의 성과를 이루고 싶은가? 내추럴 브릴리언스 모델은 당신의 타고난 학습 천재성에 내재된 안전성과 축복을 되살리고 재현하도록 이끈다.

안타깝게도 우리 중 많은 이들이 학교에서 학습하는 과정 중에 상처를 받았다. 내추럴 브릴리언스는 이러한 상처를 극복하고 안전함과 축복의 힘으로 채우는 데 도움을 줄 것이다. 매일 지속적으로 배우는 자신을 지켜보는 것은 커다란 기회다. 내추럴 브릴리언스를 개발함에 따라, 당신이 만들어 내는 결과는 삶 전반에 걸쳐 빛을 발할 것이다.

포토리딩 홀 마인드 시스템을 사용하는 데 어떤 부분에서 어려움을 느낄 때마다 내추럴 브릴리언스의 네 단계를 사용하라. 무언가를 밀어내거나 강제로 하려는 것을 놓아주어라. 대신 당신 주변과 내면의 풍부한 정보에 더 주목하라. 새롭고 창의적인 방식으로 반응해 좀 더 편안하게 좀 더 몰입하라. 그 결과를 목격하고 목표를 향해 나아가라.

직관력 깨우기

1986년 1월에 첫 포토리딩 세미나를 열었다. 나는 세션 마지막 즈음에 참가자들에게 물었다. "포토리딩을 시작한 이후, 어떤 색다르거나 특이한 경험을 하셨나요?"

그때까지 조용히 있던 톰(Tom)이 일어나 말했다. "이게 포토리딩과 관련이 있는지는 모르는데요. 어쩌면 당신이 이걸 설명해 줄 수 있을 것 같아 이야기해봅니다. 저는 소방관 자원봉사자입니다. 지난 수요일 밤, 화재 경보에 깼어요. 옷을 입고 소방서로 달려갔죠. 제가 소방서에 첫 번째로 도착했어요. 이전에는 그런 적이 없었거든요. 거기에 1분 정도 서 있는데 갑자기 경보가 울렸어요. 저는 실제로 경보가 울리기 몇 분 전에 반응한 거예요! 이게 어떻게 일어난 건지 설명해 주실 수 있나요?"

수년간 나는 사람들이 직관력에 접근할 수 있도록 돕는 세미나를 열었다. 톰이 경험한 신기한 현상은 사람들의 직관이 어떻게 자발적으로 깨어날 수 있는지를 보여주는 전형적인 예였다. 겉으로 보기에 불가능해 보이는 이와 같은 우연은, 제대로 조율된 내면 마인드가 목적 안에서 소통할 수 있다는 것을 보여준다.

포토리딩하고 활성화를 진행할 때, 당신은 의식과 비의식 마인드 사이의 소통을 증가시킨다. 이것이 바로 비의식에서 감지한 것을 의식적으로 알아차리는 능력인 직관이다. 다음은 당신의 직관적 인식을 높이는 몇 가지 방법이다.

- **당신의 내면에 떠오르는 장면, 내적 대화, 내적 느낌을 포함한 감각 경험에 주목하라.**

- 주변 시야를 더 넓은 감각의 영역으로 확장해 인식의 가장자리에 있는 정보에 주목하라. 예를 들어 식당 같은 분주한 장소에서 여러 대화를 동시에 듣는 것처럼 다양한 시각적, 청각적 정보를 인식하라. 또한 패럴리미널 음원의 여러 목소리에도 주목하라. 동시에 운동감각적 경험도 인식하라. 예를 들어 지금 당신이 앉아있는 자세, 감정 상태, 목 뒤의 온도를 느껴보라.

- 외부와 내부 환경에서 오는 정보에 호기심을 갖고 수용적인 태도를 가져라.

- 직관력을 이용해 게임을 해보라. 엘리베이터 앞에 섰을 때, 버튼을 누르고 어떤 엘리베이터가 먼저 열릴지 맞춰보라.

직관력을 깨우는 것에는 두 가지의 이점이 있다. 당신은 포토리딩과 활성화 기술을 향상시킬 수 있고, 동시에 풍부한 삶의 질과 여유를 만날 수 있다.

14장
포토리딩 홀 마인드 시스템의 비밀

분당 2만 5000단어를 포토리딩하는 진정한 비밀은 당신이 이미 그 능력을 가졌다는 것이다. 당신의 뇌에는 타고난 천재성이 있다. 당신의 타고난 천재성을 재발견하라. 그것을 가지고 놀고, 일상생활의 일부로 만들어라.

자신을 적극적으로 격려하라. 포토리딩을 뛰어넘는 더 큰 능력이 있다는 것을 발견할 것이다.

능동적으로 하라

나는 세상에서 가장 뛰어난 학습자인 아기들을 살펴보며 연구할 수 있는 특권이 있었다. 아기는 능동적이고, 목적의식이 있으며, 목표지향적이고, 배움에 대한 욕구가 끝이 없다. 나와 아내는 우리의 세 아이들이 신체적, 정신적으로 이 세상과 교감하는 것을 보며 즐겼다. 삶의 의미를 찾으려는 그들의 욕구는 엄청나다.

우리의 세 아들은 유아기를 훨씬 지났지만, 그들은 여전히 적극적으로 자신들의 세계를 탐험한다. 학습은 능동적이다. 활동은 천재성의 연료다. 우리의 천재성은 수동성이 지배할 때 사라진다.

텔레비전은 우리가 수동적으로 되는 법을 가르친다. 텔레비전에서는 기다리라고 한다. 우리가 원하는 모든 것은 지금 나오는 광고가 끝난 직후에 우리에게 온다고 한다. 독서가 이처럼 수동적이 되면, 우리의 천재성은 억압된다.

어떤 유형의 독서를 하든 능동적으로 하라. 당신이 더 능동적일수록, 당신의 독서는 더 유창해지고 원하는 결과를 달성하는 데 더 효과적일 것이다. 유창한 독자들은 목적을 가지고 읽으며 저자에게 질문을 던지면서 높은 수준의 집중력을 유지한다. 능동적 독서의 본질인 집중은 규율보다는 태도의 문제다.

자신이 능동적으로 독서를 선택해, 가치를 창출하고자 한다는 점을 인식하라. 이러한 선택은 독서의 목적을 달성하는 데 큰 차이를 만든다. 그 목적이 정보나 기술을 얻거나, 아이디어를 평가하거나, 단순히 휴식을 취하는 것이든 말이다. 의식적으로 읽기를 선택할 때, 당신은 마인드의 모든 능력을 발휘하게 된다.

이 글을 쓰면서 나는 가속학습의 아버지인 게오르기 로자노프를 떠올린다. 그는 커리어 초기에 자기 방법론의 목적이 교실에서 두려움을 없애고 암시감응성^{suggestibility}을 높이는 것이라고 믿었다. (암시감응성이란 암시를 받아들이는 정도라는 의미로, 비의식적 수준에서 정보를 받아들이는 능력이다.) 세월이 흐르면서 그의 생각은 변화했다. 그의 최우선 목표는 학습자들에게 더 많은 선택권을 제공하는 것이 됐다.

이것이 바로 내가 독서에 대해 당신에게 바라는 바다. 이 책의 목표는 독서에 대한 새로운 패러다임을 제시하는 것이었다. 또한 당신이 텍스트와 상호작용할 때 당신의 선택을 극대화하는 도구들을 전하는 것이었다.

포토리딩 홀 마인드 시스템을 당신의 협력자로 삼아 더 능동적이고, 목적의식이 있고, 요구가 많은 독자가 돼라. 속도와 효율성을 가지고 읽어라. 현재의 한계를 넘어 이해력을 확장하라. 무엇보다도 당신의 개인, 직업, 전문 영역의 목표 달성을 위해 마인드의 모든 잠재력을 사용하라. 그 과정에서 계속되는 기쁨을 발견하라. 당신은 할 수 있다!

새로운 시나리오, 마지막 생각

2장에서 다룬 선택의 시나리오를 기억하는가? 잠시 그 시나리오로 돌아가보자. 당신은 이제 원하는 어떤 것이든 즐길 준비를 마쳤다.

당신은 효과적이며 적절한 의사결정을 내리기 위한 정보를 모두 안다는 느낌으로 매일 업무를 시작한다. 언제든지 자료를 읽을 때 당신은 애쓰지 않고 편안하다. 당신이 제안하는 내용은 탄탄한 증거와 근거를 기반하기 때문에 쉽게 승인을 받는다.

전문 보고서를 읽는 데 몇 시간이 걸리던 과거와 달리, 이제는 문서당 단 몇 분 만에 처리한다. 업무를 마무리하며 정리된 책상을 한번 살펴본다. 내일을 위한 준비를 마친 것 같은 느낌이 든다.

이러한 긍정적 변화는 일상생활에까지 확장된다. 집 안 곳곳을 차지하던 읽지 않은 책, 잡지, 신문, 우편물 더미는 사라졌다. 당신은 매일 10~15분 만에 신문에서 최신 뉴스를 파악한다. 의자에 앉아서 '읽어야 할 것' 목록을 한 번에 줄이거나 없앤다. 그리고 남은 시간에는 해야 할 일 목록에서 최우선 과제를 꾸준히 완수한다.

당신은 향상된 독서 능력으로 필요한 과정을 수강하고, 학위를 받고, 승진하고, 새로운 과정을 수강하고, 지식을 확장하고, 호기심이 가는 내용을 알아간다. 이 모든 과정이 쉽게 이루어져 학습 자체가 즐거워진다.

이제 본업을 위한 시간을 넘어 소설, 잡지, 즐거움을 위한 독서를 할 시간을 갖는다. 이 과정에서 휴식을 위한 자유 시간도 만들어 낸다.

가능성을 받아들이면서 경험을 음미하라. 지금 당신이 자신과 할 약속은 무엇인가? 앞으로 다가올 24시간 안에, 이 시나리오를 현실로 만들기 위해 어떤 단계를 밟을 수 있는가?

피터 센게^{Peter Senge}는 그의 책《제5경영^{The Fifth Discipline}》에서 완벽한 요약을 제공한다.

"어린아이의 학습 과정은 우리 모두가 직면한
학습 과제를 멋지게 설명한다.
학습은 우리의 인식과 이해를 지속적으로 확장하고,
행동과 현실 사이의 상호의존성을 더 많이 보며,
우리를 둘러싼 세계와의 연결성을 더 많이 보는 것이다.

아마도 우리는 현실에 영향을 미치는 다양한 방식을
완전히 인식하지 못할 것이다.
그러나 그저 그 가능성을 열어 놓은 것만으로도,
우리의 사고를 자유롭게 하기에 충분하다."

이 세상에서 일어나는 것과 마찬가지로 삶 속에서의 변화는 피할 수 없다. 개인 성장의 촉매제인 포토리딩은 우리의 사고를 자유롭게 하고, 변화에 효과적으로 대처할 수 있도록 인식을 확장한다. 포토리더들은 포토리딩 홀 마인드 시스템과 함께 학교, 직장, 전문 영역, 사회, 지역, 국가, 글로벌 커뮤니티, 지구의 변화에 적응한다.

포토리딩으로 변화에 직면한 상태에서, 당신은 능동적으로 숙달의 길을 나아갈 수 있다. 당신은 이를 선택할 수 있다. 지금 포토리딩 홀 마인드 시스템의 일부 또는 전체를 마스터하기로 선택하라. 당신이 취하는 모든 행동은 개인적 탁월성으로 이어진다.

빠른 참고 가이드
포토리딩 홀 마인드 시스템 단계

이 책의 주요 원칙 중 하나는 포토리딩 홀 마인드 시스템을 '연습'하는 것에 대해 잊으라는 것이다. 대신, 그냥 사용하라.

포토리딩에서 배운 내용을 강화하기 위해, 읽고 싶은 다른 책을 선택하고 아래 나열한 각 단계를 적용해 보라. 빨리 시작할수록 좋다. 지금 바로 하거나, 아니면 앞으로 3일 이내에 할 시간을 지금 정하라.

이 가이드를 필요할 때마다 복습을 위한 가이드로 사용하라.

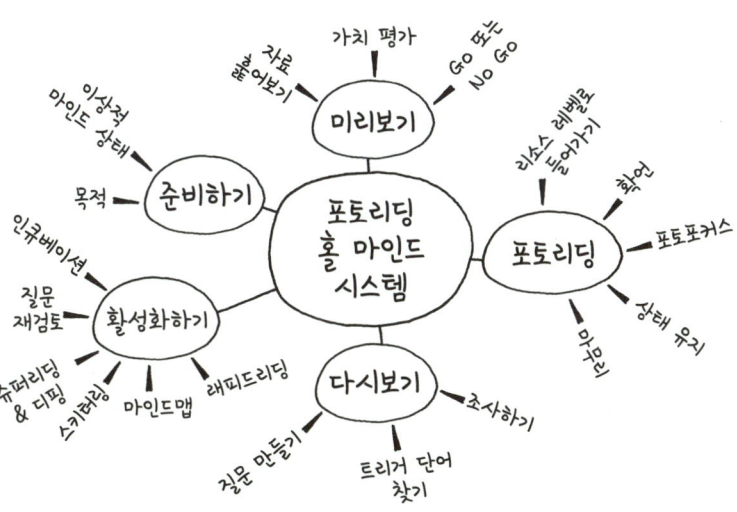

1단계: 준비하기
- 독서 목적을 분명히 정한다.
- 학습을 위한 이상적인 마인드 상태에 들어간다. 이는 편안한 각성 상태를 말한다.

2단계: 미리보기
- 자료를 훑어본다.
- 목적에 맞는 가치가 있는 자료인지 평가한다.
- 더 읽을지 말지 결정한다.

3단계: 포토리딩
- 포토리딩할 준비를 한다.
- 마인드 리소스 레벨 상태에 들어간다.
- 개인의 능력과 이 자료로 달성할 목적에 대해 확언한다.
- 고정된 인식 지점(귤기법)과 '블립 페이지'로 포토포커스 상태에 들어간다.
- 페이지를 넘기고 챈트를 하면서 안정된 상태를 유지한다. 호흡은 깊고 고르게 유지한다.
- 마무리할 때, 정보가 미친 영향과 그것을 활성화할 수 있는 능력을 확언한다.

4단계: 다시보기
- 더 깊이 있게 조사할 시간이다. 목차를 다시 살펴보고, 페이지에서 첫 문단과 마지막 문단을 리드미컬한 정독으로 읽거나 색인을 확인할 수 있다.

- 책을 10~15페이지씩 넘기면서 주의를 끄는 트리거 단어나 핵심 용어를 찾는다.
- 당신의 호기심과 특정 정보에 대한 필요성을 바탕으로 질문을 만든다.

5단계: 활성화하기

- 이상적으로는 포토리딩 후 활성화하기 전에 몇 분 또는 하룻밤을 기다린다. 이는 인큐베이션 기간이다.
- 다시보기 단계에서 만든 질문을 검토한다. 이는 당신의 마인드가 올바른 섹션으로 이끄는 연결고리를 찾도록 자극한다.
- 관심 가는 부분을 슈퍼리딩한다. 페이지 중앙을 따라 눈을 빠르게 움직여 큰 텍스트 덩어리를 의식으로 불러온다. 활성화에 이상적인 마인드 상태는 인식 주변부의 미묘한 단서에 주의를 기울이는 상태다.
- 특정 구절을 읽고 질문에 답하기 위해 텍스트를 디핑한다. 리드미컬한 정독은 디핑을 위한 최선의 방법이다.
- 스키터링은 슈퍼리딩과 디핑의 보완 또는 대안이다. 단락의 주제문을 읽은 후, 이해를 돕는 지지 단어와 구문을 눈으로 훑고 결론 문장을 읽는다.
- 자료에서 얻은 핵심 아이디어를 시각적 다이어그램으로 만들어 마인드맵을 그린다.
- 텍스트를 처음부터 끝까지 빠르게 움직이며 편안하게 읽는 래피드리딩을 한다. 원하는 만큼 시간을 들인다. 자료의 복잡성과 중요도에 따라 읽기 속도를 조절한다.
- 토론과 꿈꾸기를 포함한 다중 지능을 사용하는 다른 형태의 활성화를 탐구한다.

신토픽리딩

1) 목적 설정하기

홀 마인드 신토픽리딩의 첫 번째 단계는 당신에게 의미와 가치 있는 목적을 정하는 것이다.

2) 참고문헌 만들기

읽을 책 목록 참고문헌을 만든다. 목적에 맞는지 확인하기 위해 미리보기를 한다.

3) 활성화하기 24시간 전에 모든 자료를 포토리딩하기

마인드에 새로운 연결을 만들기 위한 인큐베이션 시간이 필요하다.

4) 자이언트 마인드맵 만들기

책과 큰 종이, 여러 색상의 마커를 준비한다. 신토픽리딩의 남은 단계에서 메모하기 위해 마인드맵을 그린다.

5) 관련 구절 찾기

각 책을 슈퍼리딩과 디핑해 목적과 관련된 구절을 찾는다.

6) 자신의 말로 요약하기

마인드맵에 적은 모든 구절을 살펴보고, 주제에 대해 생각한 바를 자신만의 용어로 요약한다.

7) 테마 발견하기

여러 저자들의 관점 사이의 유사점과 차이점을 찾는다. 모든 저자가 다루는 주요 테마는 무엇인가? 이에 대해 메모한다.

8) 쟁점 정의하기

저자들 간의 상반된 견해가 주제에 대한 핵심 쟁점이다. 이러한 논쟁점을 이해하면 주제에 대한 지식이 크게 향상된다. 슈퍼리딩과 디핑으로 이 쟁점과 관련된 핵심 내용을 찾는다.

9) 자신의 관점 형성하기

쟁점을 발견하면서 자신의 관점을 종합하기 시작한다. 숙련된 신토픽 독자는 처음에는 모든 측면을 살펴보고 어느 쪽의 의견에도 치우치지 않는다. 충분한 정보를 모은 후 자신의 입장을 정립한다.

10) 적용하기

자신의 필요에 따라 습득한 지식을 적용한다.

감사의 말

포토리딩 4판 출간은 100명 이상의 지속적인 헌신과 노력이 있었기에 가능했습니다. 특히 저와 함께 포토리딩 홀 마인드 시스템을 재구성하는 데 힘쓴 LSC 포토리딩 마스터 인스트럭터 리넷 아이어스Lynette Ayres에게 감사드립니다.

LSC 공인 포토리딩 지도자들의 헌신에도 감사드립니다. 이들은 이 시대 교육 분야의 새로운 개척자입니다. 포토리딩을 가르치고 사용하는 동안 새로운 방법을 창의적으로 탐구함으로써 포토리딩에 중요한 영향을 미쳤습니다.

포토리딩의 가장 중요한 기여자는 바로 포토리딩을 익히는 분들입니다. 그들의 통찰력과 추진력 덕분에 포토리딩은 지속적으로 발전할 수 있었습니다.

포토리딩이 전 세계적으로 보급될 수 있게 헌신한 LSC 직원과 전 세계의 마케팅 협력 업체 관계자 분들께 감사를 표합니다. 그들의 노력 덕분에 전 세계적으로 수십만 명의 포토리더가 탄생할 수 있었습니다.

포토리딩의 초기 개발에 참여했던 모든 분들께 경의를 표합니다. 재능 있고 통찰력 있던 분들의 이름은 이 책의 이전 판에 기록돼 있습니다.

마지막으로 이 책을 펼치신 여러분께 감사드립니다. 여러분이 원하는 거의 모든 것을 성취할 수 있는 힘은 여러분 안에 있습니다. 그것을 인지하시고 이 책을 펼친 여러분께 감사합니다. 여러분들의 성공 사례가 포토리딩을 실재적인 것으로 만듭니다. 여러분의 성공 사례를 알려주세요.

폴 R. 쉴리

저자 폴 R. 쉴리에게 연락하거나 포토리딩에 관한 정보를 얻고 싶다면, www.LearningStrategies.com을 방문하거나 CustomerService@LearningStrategies.com으로 메일을 보내시기 바랍니다.

참고문헌

포토리딩 홀 마인드 시스템을 개발하는 데 참고한 많은 책들이 이 책의 초판, 2판, 3판에 실렸다. 이 참고문헌에는 그러한 아이디어의 많은 부분이 업데이트된 4판 버전에 포함돼 있다. 원래 출판된 참고문헌의 사본을 얻으려면 출판사에 문의하면 된다.

Adler, Mortimer J., and Charles Van Doren. *How to Read A Book*. New York: Simon and Schuster, 1972.

Amen, Daniel G. *Change Your Brain, Change Your Life: The Breakthrough Program for Conquering Anxiety, Depression, Obsessiveness, Anger, and Impulsiveness*. NY: Random House, Inc., 1998.

Andrews, Tim. *Where's Your Spotlight? How to enhance learning for others*. Buckinghamshire, England: Stretch Learning, 2004.

Bennett, J. Michael. *Four Powers of Greatness Personal Learning Course*. Minnetonka, MN: Learning Strategies Corporation, 1998.

Barker, Joel. *Future Edge: Discovering the New Paradigms of Success*. New York: William Morrow & Company, Inc., 1992.

Belf, Teri-E, and Charlotte Ward. *Simply Live It UP: Brief Solutions*. Bethesda, MD: Purposeful Press, 1995.

Buzan, Tony. *The Mind Map Book*. New York: Penguin Books, 1996.

Canfield, Jack. *The Success Principles: How To Get From Where You Are to Where You Want To Be.* NY: HarperCollins Publishers, 2005.

Carson, Richard. *Taming Your Gremlin.* New York: Harper Perennial, 1983.

Claxton, Guy. *Hare Brain Tortoise Mind: How Intelligence Increases When You Think Less.* NY: Harper Collins, 1997.

Csikszentmihalyi, Mihaly. *Flow: The Psychology of Optimal Experience.* New York: Harper & Row Publishers, 1990.

Csikszentmihalyi, Mihaly. *Finding Flow: The Psychology of Engagement with Everyday Life.* New York: Harper & Row Publishers, 1997.

Cudney, Milton, and Robert Hardy. *Self-Defeating Behaviors: Free Yourself from the Habits, Compulsions, Feelings, and Attitudes That Hold You Back.* New York: Harper Collins Publishers, 1991.

Davis, Ron D. *The Gift of Dyslexia: Why Some of the Smartest People Can't Read and How They Can Learn.* San Juan Capistrano, CA: Ability Workshop Press, 1994.

Dennison, Gail E., Paul E. Dennison, and Jerry V. Teplitz. *Brain Gym for Business: Instant Brain Boosters for On-the-Job Success.* Ventura, CA: Edu-Kinesthetics, 1994.

DePorter, Bobbi. *Quantum Success: 8 Key Catalysts To Shift Your Energy Into Dynamic Focus.* Oceanside, CA: Learning Forum Publications, 2006.

DePorter, Bobbi. *Quantum Business: Achieving Success Through Quantum Learning.* New York: Dell Publishing, 1997.

Dilts, Robert B. *Strategies of Genius: Albert Einstein.* Capitola,

CA: Meta, 1994.

Dixon, Norman F. *Preconscious Processing.* Chichester, NY: Wiley, 1981.

Dixon, Norman F. *Subliminal Perception: The Nature of a Controversy.* New York: McGraw-Hill, 1971.

Dryden, Gordon, and Jeannette Vos. *The Learning Revolution: A Life-Long Learning Program for the World's Finest Computer: Your Amazing Brain!* Rolling Hills Estates, CA: Jalmar Press, 1994.

Edelman, Gerald M. *Bright Air, Brilliant Fire: On the Matter of the Mind.* New York: Basic Books, 1992.

Edelman, Gerald M. *Remembered Present.* New York: Basic Books, 1989.

Edwards, Betty. *Drawing on the Right Side of the Brain.* Los Angeles: J. P. Tarcher, 1979.

Gardner, Howard. *Multiple Intelligences: The Theory in Practice.* New York: Harper Collins Publishers, Inc.,1993.

Gelb, Michael. *How to Think like Leonardo da Vinci.* New York: Delacourte Press, 1998.

Goleman, Daniel. *Emotional Intelligence: Why It Can Matter More Than IQ.* New York: Bantam, 1995.

Gordon, F. Noah. *Magical Classroom: Creating Effective, Brain-Friendly Environments for Learning.* Tucson, AZ: Zephyr Press, 1995.

Harman, Willis, and Howard Rheingold. *Higher Creativity; Liberating the Unconscious for Breakthrough Insights.* Los Angeles, CA: Jeremy P. Tarcher, Inc., 1984.

Hunt, D. Trinidad. *Learning To Learn: Maximizing Your Performance Potential.* Kaneohe, HI: Elan Enterprises, 1991.

Jensen, Eric. *Introduction to Brain-Compatible Learning.* San Diego: The Brain Store, Inc., 1998.

Kandel, Eric R., James H. Schwartz, and Thomas M. Jessell. *Essentials of Neural Science and Behavior.* Norwalk, CN: Appleton & Lange, 1995.

Kline, Peter, and Laurence Martel. *School Success: The Inside Story*. Arlington, VA: Great Ocean Publishers, Inc., 1992.

Kosslyn, Stephen M., and Olivier Koenig. *Wet Mind: The New Cognitive Neuroscience.* NY: The Free Press, 1995.

LaBerge, Stephen, and H. Rheingold. *Exploring the World of Lucid Dreaming.* New York: Ballantine Books, 1991.

LeDoux, Joseph. *The Emotional Brain: The Mysterious Underpinnings of Emotional Life*. New York: Simon & Schuster, 1996.

Levinson, Steve, and Pete C. Greider. *Following Through: A Revolutionary New Model for Finishing Whatever You Start.* NY: Kensington Publishing Corp., 1998.

Margulies, Nancy. *Mapping Inner Space: Learning and Teaching Mind Mapping.* Tucson, AZ: Zepher Press, 1991.

Markova, Dawna. *Open Mind: Exploring the 6 Patterns of Natural Intelligence.* Berkeley, CA: Conari Press, 1996.

Masters, Robert. *Neurospeak: Transforms Your Body While You Read.* Wheaton, IL: Quest, 1994.

McPhee, Doug. *Limitless Learning: Making Powerful Learning an Everyday Event*. Tucson, AZ: Zephyr Press, 1996.

Mindell, Phyllis. *Power Reading: A Dynamic System for Mastering All Your Business Reading*. Englewood Cliffs, NJ: Prentice-Hall, Inc., 1993.

Murphy, Michael. *The Future of the Body: Explorations Into the Further Evolution of Human Nature*. NY: Tarcher/Putnam, 1992.

Norretranders, Tor. *The User Illusion: Cutting Consciousness Down To Size*. NY: Penguin Books, 1998.

Ornstein, Robert. *The Right Mind: Making Sense of the Hemispheres*. NY: Harcourt Brace & Company, 1997.

Ostrander, Sheila, and Lynn Schroeder, with Nancy Ostrander. *Super-Learning 2000*. New York: Delacorte Publishing, 1994.

Perkins, David. *Outsmarting IQ: The Emerging Science of Learnable Intelligence*. New York: Free Press, Simon & Schuster, 1995.

Pert, Candace B. *Molecules of Emotion: Why You Feel the Way You Feel*. New York: Scribner, 1997.

Pinker, Steven. *How the Mind Works*. Pinker, Steven. New York: Norton, 1997.

Promislow, Sharon. *Making The Brain Body Connection: A playful guide to releasing mental, physical, and emotional blocks to success*. West Vancouver, BC, Canada: Kinetic Publishing Corporation, 1999.

Promislow, Sharon. *Putting Out The Fire Of Fear: Extinguish the burning issues in your life*. West Vancouver, BC, Canada: Enhanced Learning & Integration Inc., 2002.

Ramachandran, F.S., and Sandra Blakeslee. *Phantoms In The Brain: Probing the Mysteries of the Human Mind*. New York: Morrow,

1998.

Restak, Richard M. *The Modular Brain: How New Discoveries in Neuroscience Are Answering Age-Old Questions About Memory, Free Will, Consciousness, and Personal Identity*. New York: Macmillan, 1994.

Robinson, Adam. *What Smart Students Know: Maximum Grades. Optimum Learning. Minimum Time*. New York: Crown, 1993.

Rose, Colin, and Malcolm Nicholl. *Accelerated Learning for the 21st Century: The Six-Step Plan to Unlock Your Master-Mind*. NY: Delacorte Press, 1997.

Scheele, Paul. *The PhotoReading Whole Mind System*. Minnetonka, MN: Learning Strategies Corporation, 1997 (2nd ed.).

Scheele, Paul. *PhotoReading Personal Learning Course*. Minnetonka, MN: Learning Strategies Corporation, 1995.

Scheele, Paul. *Natural Brilliance: Move from Feeling Stuck to Achieving Success*. Minnetonka, MN: Learning Strategies Corporation, 1997.

Scheele, Paul. *Natural Brilliance Personal Learning Course*. Minnetonka, MN: Learning Strategies Corporation, 1997.

Secretan, Lance. *One: The Art and Practice of Conscious Leadership*. Caledon, Ontario, Canada: The Secretan Center, Inc., 2006.

Seigel, Robert Simon. Six Seconds to True Calm. Santa Monica, CA: Little Sun Books, 1995.

Shlain, Leonard. The Alphabet Versus the Goddess: The Conflict Between Word and Image. New York: Viking, Penguin Group, 1998.

Smith, Frank. *Reading Without Nonsense. 2nd ed.* Columbia University, New York: Teachers College Press, 1985.

Smith, Frank. *To Think.* Columbia University, New York: Teachers College Press, 1990.

Sprenger, Marilee. *Learning and Memory: The Brain in Action.* Alexandria, VA: Association for Supervision and Curriculum Development, 1999.

Squire, Larry R., and Kandel, Eric R. *Memory: From Mind to Molecules.* NY: Henry Holt and Company, 2000.

Stauffer, Russell. *Teaching Reading as a Thinking Process.* New York: Harper & Row, 1969.

Suzuki, Shunryu. *Zen Mind, Beginner's Mind.* New York: John Weatherhill, Inc., 1970.

Talbot, Michael. *The Holographic Universe.* New York: Harper Collins Publishers, 1991.

Vaill, Peter. *Learning As A Way Of Being: Strategies for Survival in a World of Permanent White Water.* CA: Jossey-Bass Publishers, 1996.

Watzlawick, Paul. *Ultra-Solutions: Or How to Fail Most Successfully.* New York: W.W. Norton & Company, 1988.

Wenger, Win. *Discovering the Obvious.* Gaithersburg, MD: Project Renaissance, 1998.

Wenger, Win, and Richard Poe. *The Einstein Factor: A Proven New Method for Increasing Your Intelligence.* Rocklin, CA: Prima, 1996.

Wilber, Ken. *Integral Psychology: Consciousness, Spirit, Psychology, Therapy.* Boston, MA: Shambhala Publications,

2000.

Wise, Anna. *The High-Performance Mind*. New York: Tarcher, Putnam, 1997.

Wolinsky, Stephen. *Trances People Live: Healing Approaches in Quantum Psychology.* Falls Village, CT: The Bramble Company, 1991.

Wurman, Richard Saul. *Information Anxiety.* New York: Doubleday, 1989.

Wycoff, Joyce. *Mind Mapping.* New York: Berkley Books, 1991.

색인

ㄱ

가속학습 279, 308
갈팡질팡한 상태 300
게오르기 로자노프 Georgi Lozanov
　　280, 289, 308
고정된 주의 지점 90
공간 지능 164, 282
구성
　저자가 글을 쓴 방식 157
굴 기법 89
그렘린 265, 286
그룹 활성화 211
기술 향상 294
기억 84, 109, 137, 142, 147, 158,
　　165, 166, 194, 224, 283
　설단 현상 235, 283
꿈 236, 237
　활성화 141

ㄴ

난독증 90
내면 마인드 64
내추럴 브릴리언스
　4단계 모델 298
　　1. 놓아주기 299
　　2. 알아차리기 299
　　3. 반응하기 301
　　4. 목격하기 301
노아 고든 F. Noah Gordon 229
노자 278
놉스 NOPS 265
뇌 주파수 범위 229
뇌 채널 229
눈과 마인드의 연결 224
능동적 307

ㄷ

다시보기 133
　조사하기 134
　질문 만들기 137
　트리거 단어 135
다중지능이론
　공간 지능 164
데이비드 W. 존슨 David W. Johnson
　　204
독서 32
　속독 60, 158
　vs. 포토리딩 57
동기 138
두려움 35, 62, 272, 308
디핑 69, 148, 154, 159
뜻밖의 행운 145

ㄹ

래피드리딩 70, 167, 170
　카약 비유 171
　하는 경우 171
러셀 스타우퍼 Russell Stauffer 154
론 데이비스 Ron Davis 90
리드미컬한 정독 155
리처드 레스탁 Richard Restak 295
리처드 카슨 Richard Carson 265

ㅁ

마이클 베넷 J. Michael Bennett 155, 159
마인드 리소스 레벨로 들어가기 105
마인드맵 69, 161
　제작 방식 162
명상 87, 108, 227, 231, 278, 284
명시적 기억 294
명시적 학습 294
명확한 목표 234
모티머 애들러 Mortimer Adler 248
목적 54, 64, 80, 88, 96, 97, 108, 142, 200, 248, 268
　목적의식 57
　설정하기 81
목표 109
　설정하고 전념하기 234
몰입 93
몰입 상태 89, 278, 279

무술 227
무의식적 무능 272
문서 쇼크 56
미리보기 39, 65, 95, 257, 264, 281
　효과 99
미야모토 무사시 Miyamoto Musashi 112
미하이 칙센트미하이 Mihaly Csikszentmihalyi 278

ㅂ

방해 107, 120
배우는 데 걸리는 시간 272
베티 에드워즈 Betty Edwards 111
변화 40
부드럽게 보기 110, 112, 119
　부드럽게 응시 197, 227
부정적 태도 63
블립 페이지 116
비의식 데이터베이스 147, 150
비의식 마인드 62, 82, 110, 120, 133, 136, 173, 236, 303
비의식 저장 용량 283

ㅅ

생각 기차 156
석세스 팀 220
선택
　독서의 중요성 57, 308

선 Zen 227, 231, 271
성과 테스트 234, 267
속독 32, 38, 158
속발음 224
순류 스즈키 Shunryu Suzuki 271
슈퍼리딩 69, 148
   디핑 154
   슈퍼맨 비유 150, 154, 171
   효과 155
   스키터링 69
   방법 160
스킬 통합하기 204
스트레스 해소 게이트 229
습관 54, 83, 117, 204, 225, 239, 265, 273
시각 기억 164, 225
시각 단서 149
시각 훈련 225
시간 관리 83
   우선순위 191
   전략 190
시야 149
시험 치르기 202
식단 231
신경 네트워크 123, 166
신토픽리딩 245
   누적되는 힘 255
   단계 248

ㅇ

아브라함 매슬로우 Abraham Maslow 278
'아하!' 하며 떠오른 경험 143
암묵적 학습 294
압도 55
에런 코플랜드 Aaron Copland 284
여덟 가지 지능 282
역설 285
역하 지각 37
연결 145
연관성 181
연상 164
연습 234
우뇌 59
우선순위 정하기 191
운동 231
웹페이지 195
윈 웽거 Win Wenger 283
윌리엄 제임스 William James 133
음악 202
의미 156
의사 결정 215
의식적
   마인드 142, 147, 281
   무능 273
   유능 273
이메일 195
이상적인 두뇌 상태 230
이상적인 상태 65, 80, 84, 89, 120, 314, 315

이해 79, 153, 164, 166, 170, 172, 181, 270, 285
　이해도 달성 방법 287
　이해력의 네 단계 142
이해도 32, 33, 58, 148, 196
이해력 142, 159
이해 수준 83
인큐베이션 145, 249, 316
인터넷 195
인터랙티브 브레인웨이브 비주얼 애널라이저 230
일간 신문 192

ㅈ

자발적 활성화 173, 180
자세 119
자신 의식 207
자아상 276
자이언트 마인드맵 249
잡지 193
장벽 54, 205
전문지 193
전의식 처리 37, 104
전자 파일 49, 195
전통 교육
　독서 276
전통적인 독서 171
정신적 요약 159
정체된 상태 300
제럴드 에델만 Gerald Edelman 165

제한 40, 54
　완벽주의 62
　조사하기 67
　방법 134
조이스 위코프 Joyce Wycoff 163
좌뇌 59
좌절 110, 147, 203, 265, 273
죄책감 83, 153
주변 시야 66, 112, 149, 197, 225, 304
주변 인식 115, 226
　응용 범위 226
주의 80, 135
　일곱 가지 정도 85
준비하기 39, 64, 79
　방법 88
즐기기 286
지각방어 114
직관 153, 286, 302
직관적 신호 144, 150, 203
직접학습 294
　단계 296
　멘탈 시뮬레이션 297
질문 146
　만들기 137
　재검토 146
　질문하기 57
집중 79, 83, 108, 200, 224, 308

ㅊ

챈트 120

331

천재 39, 43, 293, 298
초급 독서 54
초심자의 마음 270, 288

ㅋ

콘서트 세션 281

ㅌ

탁월함 273
　학습 단계 272
태도 62, 270, 286
터널 비전 114, 299
토니 부잔 Tony Buzan 163
통합 204, 234
트리거 단어 135, 146
팀 갤러웨이 Tim Gallwey 227

ㅍ

패러다임 54, 57, 58, 152, 169, 270, 277, 309
　패러다임 바꾸기 60, 165
패럴리미널 108, 205, 231, 304
패트리샤 다니엘슨 Patricia Danielson 246
편안한 각성 65, 84, 105, 107, 111, 148, 201, 202, 228, 284, 299
포토리딩 57, 103, 156, 166

다음 단계 293
마무리하기 122
마스터하기 위해 62
마인드 리소스 레벨로 들어가기 105
마인드맵 162
머릿속에 이미지 31
비밀 307
사업에서 176
성공의 필수 조건 286
성과 측정 267
숨겨진 능력 40
안정된 상태 120
연구 295
입증하기 172
준비하기 104
확언하기 108
효과 38, 309
포토리딩 세미나 238
포토리딩 온라인 강의 240
포토리딩 퍼스널 러닝 코스 240
포토리딩 홀 마인드 시스템
　교과서 또는 기술 매뉴얼 194
　사업에서 211
　소설 194
　적용 단계 정리 189
　vs. 초급 독서 방식 54
포토포커스 110, 119, 125, 197, 226
　블립 페이지 116
　소시지 보기 효과 114
폴 맥케나 Paul McKenna 196

프랜시스 베이컨 Francis Bacon 80
프랭크 스미스 Frank Smith 153
프랭크 P. 존슨 Frank P. Johnson 204
피터 센게 Peter Senge 311
피터 클라인 Peter Kline 36, 242

ㅎ

하워드 가드너 Howard Gardener 281, 290
학습 과정 289, 297, 311
학습 기술 199
학습 단계 269, 272
학습된 무기력 275
해독 280
혜택 43
호기심 146
혼란 266, 274, 286
홀 마인드 시스템 173
확언 108, 124
확장된 능력 105, 271
활성화 59, 67, 69, 123, 142, 283
  교과서 194
  그룹 활성화 211, 213
  기술 매뉴얼 194
  꿈 236
  디핑 148
  리드미컬한 정독 155
  마인드맵 161
  소설 194
  슈퍼리딩 & 디핑 148

스키터링 159, 181
신문 192
이메일 195
  자발적 173, 180
  잡지 193
  전문지 193
  전자 파일 195
회의적 286
효과 38, 84

숫자

5일 테스트 177

당신도 지금보다 10배 빠르게 책을 읽을 수 있다

포토리딩

1판 1쇄 발행 2024년 12월 9일
1판 2쇄 발행 2025년 4월 10일

지은이 폴 R. 쉴리
기획·번역·디자인 김동기(폴리매스K)
외부교정 이주희

발행처 폴리매스랩
출판등록 2024년 9월 12일 제2024 - 000117 호
이메일 polymathlab.official@gmail.com

ISBN 979 -11-990389-1-2 (13370)

이 책은 저작권법에 따라 보호를 받는 저작물이므로 무단전재와 무단복제를 금하며,
이 책 내용의 전부 또는 일부를 사용하려면 반드시 폴리매스랩의 서면 동의를 받아야 합니다.

잘못되거나 파손된 책은 구입하신 서점에서 교환해드립니다.
책값은 뒤표지에 있습니다.